LE FOLKLORE

DE

GODARVILLE (Hainaut)

PAR

ALFRED HAROU

Capitaine d'Infanterie, membre de la Société royale
belge de Géographie ; du Cercle Archéologique
de Mons ; de la Société belge de Géologie, de
Paléontologie et d'Hydrologie ; de la Société des
Traditions populaires de Paris ; du Folklore Wallon de Liège ; du Comité de Rédaction de la
Tradition, de Paris ; etc., etc.

PRIX : 3 FRANCS

PAR SOUSCRIPTION : 2 FRANCS

ANVERS

IMPRIMERIE J. VANCANEGHEM

62, RUE DE L'ESPLANADE

1893

LE FOLKLORE

DE

GODARVILLE

LE FOLKLORE

DE

GODARVILLE (Hainaut)

PAR

ALFRED HAROU

Capitaine d'Infanterie, membre de la Société royale belge de Géographie ; du Cercle Archéologique de Mons ; de la Société belge de Géologie, de Paléontologie et d'Hydrologie ; de la Société des Traditions populaires de Paris ; du Folklore Wallon de Liège ; du Comité de Rédaction de la Tradition, de Paris ; etc., etc.

PRIX : 3 FRANCS

PAR SOUSCRIPTION : 2 FRANCS

ANVERS

IMPRIMERIE J. VANCANEGHEM

62, RUE DE L'ESPLANADE

1893

AVANT-PROPOS

Le village de Godarville, privé jusqu'en ces derniers temps de grandes voies de communication, resta longtemps rebelle aux idées de civilisation et conserva à peu près intactes les coutumes et les superstitions des âges d'antan. Cette situation, connue des villages voisins, lui valut le surnom de « pays des sorcières ».

Nous avons pensé qu'une localité, jouissant d'une telle réputation, devait être particulièrement étudiée. Cette considération nous a déterminé à livrer à la publicité ces quelques notes, recueillies à la hâte.

Puissions-nous avoir ainsi contribué à l'œuvre que la Société du *Folklore Wallon* poursuit avec tant de persévérance et de talent. C'est la seule récompense que nous ambitionnions.

Il nous reste à remercier M. Baudhuin, géomètre et secrétaire communal à Godarville, dont le concours dévoué et éclairé nous a été d'une très grande utilité dans le cours de nos recherches. Nous signalons M. Baudhuin à nos Collègues en traditionnisme ; sa profonde connaissance des us et coutumes de nos populations wallonnes le rend un auxiliaire des plus précieux.

Anvers, ce 17 Novembre 1892.

ALFRED HAROU.

LISTE DES SOUSCRIPTEURS

M.M.

Barella (Hyp.), docteur en médecine, membre
de l'Académie de médecine de Belgique,
officier d'Instruction publique de France,
bourgmestre de Chapelle-lez-Herlaimont.

Blavier (Auguste), instituteur et libraire, à Marcinelle. (50 exemplaires.)

Briart (Alphonse), docteur en médecine, à
Bascoup-Chapelle.

Carnière (Louis), capitaine de cavalerie en
retraite, à Courcelles.

Colson (Oscar), rue de la Campine, 184, Liége.

Dauppe, sous-lieutenant au 1er de ligne, Boulevard de la Citadelle, 15, à Gand.

Defrecheux (Joseph), aide-bibliothécaire à l'Université de Liége, rue Bonne-Nouvelle, 88, à
Liège.

Delval (Alexandre), membre de la Députation
permanente du Conseil provincial du Hainaut,
à Gouy-lez-Piéton.

Demeuldre (Amé), notaire, à Soignies.

M.M.

Donies (Guillaume), sous-lieutenant au 6e de ligne, rue Schul, 23, à Anvers.

Mme Ve Victor Duchateau, née Brouwet, propriétaire, à Fayt-lez-Seneffe.

Marissal (Jules), directeur général des Verreries réunies, à Familleureux.

Monseur (Eugène), professeur de philologie comparée à l'Université de Bruxelles, président de la Société du Folklore Wallon, 20, avenue d'Avroy, à Liège.

Falize (Aloïse-Jules), lieutenant au 1er chasseurs à pied, à Diest.

Gilain, sous-lieutenant au 10e de ligne, à Arlon.

Goblet d'Alviella (le Cte), sénateur, professeur à l'Université de Bruxelles, vice-président de la Société royale belge de Géographie, etc., château de Court St-Étienne.

Gossiaux (L. L. J.), lieutenant au 4e de ligne, détaché à l'École des pupilles de l'armée, rue Mazy, 36, à Jambes (Namur).

Mlle Herbits (Clém.), rue Lozane, 138, à Anvers.

Hock (Auguste), quai Mativa, à Liège.

Lemoine (Jules), instituteur et folkloriste, à Marcinelle (Villette).

Lemoine, sergent-major secrétaire au 13e de ligne, à Namur.

Matthieu, avocat, à Enghien.

M.M.

NAEGELS (Franç.-Eug.), garde principal du génie, à Wilryck.

NOEL (J. B. Adhémar), capitaine commandant du génie, commandant la Compagnie des pontonniers de place, rue Nationale, 21, à Anvers.

PILETTE (F. J.), lieutenant au 7e de ligne, détaché à l'École des pupilles de l'armée, à Namur.

POURBAIX (Alfred), droguiste, rue de Brabant, 58, à St-Josse-ten-Noode.

SPILLEUX (Polydore), major d'infanterie en retraite, rue de la Province-sud, 184², à Anvers.

THORN (E. J. B. C. S.), colonel commandant le 5e régiment de ligne, issu du corps d'état-major, rue de l'Écrevisse, 14, à Anvers.

WEISSENBRUCH, imprimeur du Roi, rue du Poinçon, 45, à Bruxelles.

BIBLIOTHÈQUE

La Bibliothèque du 5e de ligne, à Anvers.

LISTES SUPPLÉMENTAIRES

Iʳᵉ LISTE

M.M.

Baudelet (Louis), chef de station à Godarville.

Bernard (Félicien), fils, à Godarville.

Capitte (Honoré), receveur communal à Godarville.

Cloquet (le dʳ N.), à Feluy.

Coche (Rufin), à Godarville.

Crousse (Jules), à Godarville.

Dehaye (Émile), employé, à Godarville.

Denis (François), employé, à Godarville.

Francotte (François), instituteur, à Godarville.

Favresse (Godard), fabricant de tiges, à Godarville.

Harou (Victor), capitaine commandant, adjoint d'état-major, régiment des grenadiers, 8, rue du Conseil, à Ixelles.

Mary (Vital), propriétaire, à Godarville.

Monnaie (Jules), rentier, à Godarville.

Paindavaine (Louis), à Godarville.

Sucre (Edgar), étudiant, à Godarville.

Wasterlain (Auguste), à Godarville.

Waterlot (Émile), à Godarville.

2me LISTE

.M.M.

BAUDHUIN, secrétaire communal et géomètre, à Godarville.

BECHET (Jules Jacques Joseph), capitaine-commandant au 5e régiment de ligne, à Anvers.

BRISON (Henri), employé, à Bascoup-Chapelle.

CARNOY (Henry), professeur au lycée Louis-le-Grand, directeur de la *Tradition*, 128, Boulevard Montparnasse, à Paris.

CASTELAIN (Anselme), chef d'atelier, à Morlanwelz.

CUVELIER, employé, à Arquennes.

CUVELIER (Charles), employé, à Morlanwelz.

DEBERGHES (Gustave), ingénieur, à Morlanwelz.

DEHAYÉS (Adolphe), à Godarville.

FELLER (Jules), professeur de rhétorique à l'Athénée royal de Verviers.

FOCCROULLE (Georges), ingénieur, à Mariemont.

GYBELS (Georges Julien), capitaine-commandant au 6e régiment de ligne, rue de la Station, 35, à Berchem (Anvers).

JANSON (Paul), avocat et membre de la Chambre des Représentants, à Bruxelles.

LECUIT (Émile), ingénieur, à Morlanwelz.

MICHEL (Ch.), professeur à l'Université de Liége, avenue d'Avroy, 110, à Liège.

Petitbois (Ernest), ingénieur, à Mariemont.

Picard (Edmond), avocat, avenue de la Toison d'or, 56, à Bruxelles.

Sohier (Évariste), employé, à Chapelle-lez-Herlaimont.

Wargnies, dessinateur, à La Hestre.

Wasterlain (Augustin) employé, à Bascoup.

Wautelet, adjudant-sous-officier au 7e de ligne, Anvers.

Weiler (Julien), ingénieur, à Morlanwelz.

LE FOLKLORE DE GODARVILLE.

CHAPITRE I.

ASTRONOMIE ET MÉTÉOROLOGIE.

La lune (bel'). On croit distinguer dans la lune la figure d'un homme, appelé *Pharaon.*

Ce Pharaon allant, dit-on, certaine nuit sombre dérober les navets de son voisin, fut tout à coup dérangé dans sa besogne par un clair de lune subit.

Craignant d'être aperçu, Pharaon saisit un fagot d'épines avec sa fourche et s'apprêtait à en *boucher la lune*, lorsque Dieu, pour le punir, *l'attira dans l'astre* de la nuit (1).

(1) Ce conte subit à Liège quelques modifications, le maraudeur notamment se nomme *Bazin,* etc. (Cfr. les *Bulletins de la Société liégeoise de littérature wallonne,* 1re Série, t. IV, p. 603-604).

A *Florenville* (Luxembourg), la lune représente visage de Caïn qui, honteux de son crime, craint de se montrer à la lumière du jour.

Quelquefois Caïn se blottit derrière un buisson, mais il se cache assez maladroitement car on distingue très nettement ses oreilles, ses yeux, son nez et sa bouche. Les parties de son visage qu'il ne parvient pas à dérober à la vue sont, ce que nous nommons, les *tâches* de la lune.

On distingue encore parfaitement aujourd'hui dans la lune le voleur de navets et son fagot d'épines qu'il tient au bout de sa fourche.

— La lune a la réputation de n'être rien moins que brave, parce qu'elle semble se dérober à chaque instant derrière les nuages ; de là le dicton : « *Kouyon kom el' bel'* », poltron comme la lune.

— Si durant le premier quartier de la lune le berger peut suspendre sa houlette à une corne de cet astre (1), c'est *signe de beau temps*.

C'est au contraire signe de pluie si la lune est entourée d'une sorte de vapeur, qui la cache aux regards.

Tant que la lune croît il ne faut pas semer les petits pois et les plantes qui « *pomment* » ; mais on doit au contraire *cueillir les fruits*, *couper* les bois de construction et se *faire tailler* les cheveux (2).

On pense généralement que la lune de Mars (lune rousse) est fatale aux malades ; s'ils parviennent à dépasser cette période critique ils sont assurés d'une prompte guérison.

Cette lune *roussit* également les bourgeons des plantes, d'où son nom.

(1) C'est-à-dire si les cornes du croissant se détachent nettement sur l'azur des cieux et affectent la *forme d'un crochet bien distinct.*

(2) Cette dernière superstition existe également à Anvers.

Soleil (soleiy). C'est signe de pluie lorsque le *soleil levant darde ses rayons sur la terre* (1); si au contraire ses rayons sont dirigés vers le ciel, le temps sera beau.

Le *soleil couchant* qui projette ses rayons sur la terre est un indice de beau temps pour le lendemain, tandis que c'est un signe de pluie s'il les dirige vers le ciel.

Vénus (èstoil' dou bèrdgî). C'est *l'étoile du berger* de nos campagnards.

Grande Ourse. On appelle généralement cette constellation : *Tchar Poucet, char Poucet,* ou bien encore *tchar dè triyonf, char de triomphe.*

Les paysans voient dans cette constellation les 4 roues d'un char (les quatre étoiles disposées en quinconce), les 3 chevaux qui y sont attelés et le conducteur (èl varlè), appelé Poucet.

Orion. Les trois étoiles du *Baudrier d'Orion* sont les *Trois Rois.*

Comète (estoil' à keue). Une comète, signalée dans la voûte céleste, est le signal de grandes calamités, telles que : guerre, épidémie, famine.

Étoile filante (estoil' filant'). Les étoiles filantes sont

(1) *Quand l'soleiy tir' iau au matin, sè pour r'mouyi sè visin.* Quand le soleil pompe l'eau le matin, c'est pour mouiller ses voisins.

des âmes qui quittent la terre ; on leur évite le Purgatoire si, avant qu'elles ne *tombent,* on parvient à répéter trois fois : « *Loué soit Jésus-Christ au très saint Sacrement de l'autel. Amen !* »

Voie lactée (*t'chemin dou diâl*, chemin du diable, *t'chaussée romène*, chaussée romaine).

C'est le diable qui construisit la *chaussée romaine.* On rapporte que l'esprit des ténèbres avait fait une convention avec un curé, d'après laquelle l'âme de celui-ci lui appartiendrait. s'il parvenait à achever la chaussée en une seule nuit, avant le chant du coq. Mais Satan avait compté sans la servante du prêtre ; celle-ci, mise au courant du marché conclu par son maître, s'en fut au milieu de la nuit réveiller le coq, qui chanta aussitôt. Satan, brusquement interrompu dans son travail, s'enfuit laissant la chaussée inachevée.

Arc en Ciel (*el' lârdî* et porte du Paradis). Lorsqu'on aperçoit un arc en ciel on peut être assuré qu'*il pleuvra le lendemain : el' lardî ès tindu i pieuvra co d'min.* Le « lardi » est tendu, il pleuvra encore demain.

Giboulées. On nomme les Giboulées, *via d'mars* (vaux de mars).

Neige (*nif*). Les enfants (garçons) ont coutume de

se coucher dans la neige et d'y laisser leurs empreintes ; ils disent alors qu'ils ont fait des *bon diieu*, des Bons Dieux.

Les filles étendent leur tablier dès que la neige commence à tomber et disent qu'elles *vont ramassé dè mouchons* (1), (ramasser des oiseaux).

Vent (vînt). Lorsque le vent souffle dans la cheminée, c'est *que le diable y a élu domicile* (2).

Nuages (nuées). Les nuages, teintés de rouge, sont les flammes qui s'échappent du four de St-Nicolas : *C'est Saint Nicolas ki kû, c'est St-Nicolas qui cuit* (son pain). Ces nuages sont un signe de grand vent.

On donne le nom *d'arbre d'Abraham* à des nuées aux bords vagues et disposées en forme d'éventail.

Quand l'arbre d'Abraham a les pieds dans l'eau, c'est-à-dire lorsqu'il se trouve dans la direction d'un

---

(1) En Bretagne, quand il neige, c'est le bon Dieu qui plume ses *houás* (oies). Dans les campagnes flamandes, lorsque la neige tombe le 25 Décembre, on a coutume de dire que *le petit Jésus secoue son manteau.*

(2) Les tourbillons, la fureur des vents, les trombes expriment chez les paysans flamands l'idée de combats : « C'est le mâle et la femelle qui se battent. (Het is de moer en de vaer die vechten, de wolken zullen het betalen).

(*Messager des sciences historiques*, t. 28, p. 329.)

cours d'eau, il pleuvra : *Kan l'arp d'Abraham à lè pie din liau, i pieuvra.*

Lorsque les nuages sont sombres et accumulés, on dit qu'il va tomber une *averse de curé.*

> Ciel moutonné
> Est de peu de durée.

Grêle (guerja). Dès l'apparition des premiers grelons les petites filles étendent leur tablier pour les recevoir et disent : *El bon Dieu è parrain, i tché dè pois d'suk,* le bon Dieu est parrain, il tombe des pois de sucre.

Pluie (pieûf'). Si les poules cherchent un abri dès les premières gouttes, la pluie ne sera pas persistante ; le contraire aurait lieu si elles se laissaient mouiller.

Lorsque les hirondelles volent à ras du sol, c'est signe de pluie ; si elles s'élèvent très haut dans les airs le temps sera beau.

Quand il pleut et que le soleil luit en même temps les enfants chantent :

> *I pieu, I lû,*
> *Les sorcies dinsent à Felû.*

> Il pleut, il luit,
> Les sorcières dansent à Feluy (localité voisine).

On dit encore lorsque ce phénomène se produit : *el' diâl' marie ès fies*, le diable marie sa fille (1).

Pour empêcher les enfauts de sortir de la maison par les temps de pluie, on leur dit : *el' gargotia vos ara*, le *gargotia* (2) vous aura (saisira) (3).

Gelée (dgélée). C'est signe de gelée, si en versant la soupe dans les assiettes, la vapeur qui s'en échappe est blanche et abondante.

Quand il pleut et neige presque simultanément il gèlera avant trois jours : *del nîf su dé broue, dgelêe avant 3 djoû*, de la neige sur de la boue, gelée avant 3 jours.

Orage (orâtch'). Il ne faut pas courir lorsque le tonnerre gronde.

Lorsque les éclairs sillonnent les nues, les paysans

---

(1) Dans d'autres localités c'est le diable *qui bat sa femme.*

(2) Terme par lequel on désigne quelquefois l'*homme au crochet* qui se tient dans les étangs. (Voir *Étres fantastiques,* Chap. IX.)

(3) A Florenville (Lux.) lorsqu'on veut faire pleuvoir, on arrose les rues du village afin d'attirer l'eau des nuages.

Dès les premières gouttes de pluie les enfants chantent en dansant en rond le refrain suivant :

     « Pompez, pompez, Seigneur !

     » C'est du bon temps pour les voyageurs. »

Ou bien encore :

     « Il pleut, il mouille,

     » C'est la fête des grenouilles. »

allument un cierge béni en l'honneur de St-Donat et récitent la prière suivante : ·

Grand St-Donat
Priez pour moi,
Que l'orage ne tombe pas sur moi,
Ni sur mes parents, ni sur mes amis ;
Qu'il tombe dans l'eau,
Où il n'y a pas de bateaux.

A l'approche d'un orage on asperge d'eau bénite les portes et les fenêtres des maisons.

Quand il fait des éclairs *le bon Dieu allume sa pipe ;* lorsqu'il tonne, *il joue aux quilles.*

On est à l'abri de la foudre en se réfugiant sous une *haie d'aubépine* (1).

CHAPITRE II.

LES TROIS RÈGNES DE LA NATURE.

A. — LE RÈGNE ANIMAL.

I. — L'HOMME OU LE CORPS HUMAIN.

Oreilles (Orèy). Le tintement de l'oreille gauche annonce qu'on dit du mal de vous. Il faut dès que

---

(1) Voir également Chapitre II, p. 26, fleurs cueillies sur le parcours d'une procession.

vous éprouvez ce malaise placer le bout du petit doigt entre les dents, votre ennemi se mordera aussitôt la langue.

Si c'est l'oreille droite qui *chante*, on dit du bien de vous. Les femmes et certains hommes portent des boucles d'oreilles, persuadés que ces bijoux garantissent des maux d'yeux. Les boucles d'oreilles d'or ont surtout la réputation d'avoir cette propriété.

Les *ignorants* ont les oreilles plus longues que les autres personnes.

Yeux (ies). Les yeux gris
Vont en Paradis ;
Les yeux noirs
en Purgatoire ;
Les yeux verts
en Enfer ;
Les yeux bleus
dans le feu !

Cheveux (tchfeû). Les personnes, gratifiées de cheveux roux, sont considérées comme très irascibles.

Les roux *puent*, principalement en été.

Il faut se faire couper les cheveux pendant la nouvelle lune.

Les couper souvent pour les faire noircir.

Pour avoir des cheveux bouclés, on doit les couper le jour du Vendredi Saint. La personne, dont les cheveux se recroquevillent lorsqu'on les étire entre le pouce et l'index, est méchante. Son caractère est d'autant plus mauvais que les cheveux se recroquevillent davantage.

Barbe (barp). On dit aux jeunes gens imberbes, désireux de voir le duvet tant convoité orner leur lèvre supérieure, qu'ils doivent l'enduire de *brins* de poule ou de pigeon.

Les femmes, qui ont de la barbe ou des lèvres fines, passent pour être très méchantes.

Nombril (boutrouil). On dit d'une personne de mauvaise humeur « qu'elle a *l'boutrouil desfaufilée* » (le nombril décousu).

Tâches des ongles (péché). Les tâches des ongles sont considérées comme autant de *péchés* ou de *mensonges*.

Main (mangue). Si les lignes de la main gauche d'une personne dessinent un *M*, cette personne sera heureuse. (Cette superstition est également connue à Anvers.)

Maigreur. Les hommes maigres ont la réputation d'être de *bons coqs*.

Les tâches de rousseur (stron de Judas, excréments de Judas) s'enlèvent au moyen du *sûr* (petit lait) (1).

(1) *Lait buré* à Mons, lait battu en pays flamand.
Dans les pays wallon on croit que les rameaux bénits sont

Côtes (Kouqu'let). La femme possède une côte de plus que l'homme (Allusion à la légende biblique qui veut que Dieu ait enlevé une côte à Adam pour en créer sa compagne).

Doigts (doú). On dit d'une personne dont les doigts sont longs, fins et effilés, qu'elle a des *doigts d'accoucheuse*.

Les *doigts crochus* indiquent une forte propension au vol.

Les mères touchent les uns après les autres les doigts des pieds ou des mains de leurs enfants, en commençant par le pouce de la main droite, et disent :

D'Jan va au bo,	Jean va au bois,
D'Jan a vu l'leu,	Jean a vu le loup,
D'Jan a ieu peû,	Jean a eu peur,
D'Jan ès-tin koureu	Jean s'est sauvé
Bîe lon, pa lô-vô, pâ lo-vo...	Bien loin, par là, par là...

Arrivée au petit doigt, la mère le secoue violemment. On recommence sur l'autre main, ou pied,

un préservatif contre les tâches du rousseur, appelées en wallon : *brens de Judas* (COREMANS. *L'Année de l'ancienne Belgique*, p. 78).

Les *pleurs* de la vigne et le *lait de jument* jouissent de la même propriété (A. HOCK. *Croyances et remèdes populaires au pays de Liége*).

Les tâches de rousseur se nomment, à Anvers, *tâches de soleil*.

la même opération, en prononçant ces paroles (1) :

Poucè,	Poucet,
Laridé,	Laridet,
D'Jan l'kôlô	Jean le coq,
Pèti crapô,	Petit crapaud,
Kwik, kwik...	Kwik, kwik...

Bosse (Boss). Les bossus passent pour avoir le caractère gai, de là est venue l'expression : *gai comm' in bossu, contin comm' in bossu.*

Lorsqu'on fait la rencontre d'un bossu on aura sous peu une surprise agréable s'il passe à votre droite ; le contraire aurait lieu si on l'apercevait à gauche.

La rencontre d'une femme, affectée de cette infirmité, est toujours funeste.

2. — LES OISEAUX.

La Caille (caie). Lorsque la caille fait entendre son cri, il *pleuvra.*

On dit que les cailles profitent d'un *coup de vent* pour *émigrer.*

Le Coucou (koukou). Si au moment, où vous entendez le *premier chant* du coucou au printemps, votre porte-monnaie n'est pas vide, vous *ne manquerez pas d'argent durant l'année.*

(1) Cette fois c'est par le *petit doigt* qu'il faut commencer.

Dès que les enfants entendent le cri du coucou, ils font *trois cumulets dans les orties* et se croient assurés de trouver un *petit couteau*.

Le Coq (colô) et *la Poule* (pouye). Lorsque le coq chante de grand matin, c'est-à-dire entre 3 et 4 heures, ou très tard dans la soirée, vers 10 ou 11 heures, on peut être persuadé qu'un *changement de temps se produira incessamment*.

Quand une poule chante comme un coq, il faut immédiatement la tuer, car c'est *un signe de malheur*.

Si les poules se *nettoyent fiévreusement* les plumes, il *pleuvra bientôt*.

Le poussin, né le *Vendredi saint* (1), *change de couleur chaque année*.

Cette croyance existe également avec une variante dans la province de Liége :

« On croit généralement dans les campagnes que le poussin *né d'un œuf pondu le Vendredi saint*, change de couleur chaque année. »

(Bull. de la *Soc. liég. de littérat. wallonne*. 2e série, t. IX, p. 84.)

---

(1) Déjeuner de 2 œufs pondus le Vendredi saint, préserve de la fièvre (Hock). — L'œuf pondu le Vendredi saint se conserve toujours ; cet œuf a le pouvoir d'éteindre les incendies (Florenville).

Il faut enlever les couveuses (couviches) de leur nid pendant les orages, sinon les poussins risqueraient d'être étouffés dans les œufs.

Le Corbeau (corbô) (1). Le corbeau *sent la poudre.*

Quand les corbeaux *se réunissent en grandes bandes, et font entendre leur organe* désagréable, c'est signe de *mauvais temps, de pluie.*

En apercevant des vols de corbeaux, les enfants ont coutume de dire :

Corbô ! Corbô !	Corbeau ! Corbeau !
Vos maiso brûl ;	Votre maison brûle ;
Venè qué in saya d'iau	Venez chercher un seau d'eau
Pou vou l' destrur'.	Pour la détruire.

Le Hibou. Un hibou, qui voltige autour d'une maison, en jetant son cri lugubre, est l'indice d'une mort prochaine.

La Pie (aguasse) (2). Si la pie chante à *droite,* c'est de *bon augure,* si au contraire elle se fait entendre à *gauche,* c'est un *signe de malheur.*

Dicton : Voleur comme une pie.

Le Pigeon (pidjon). Pour attirer ou retenir les pigeons

(1) Les corbeaux n'ont le *pressentiment de l'avenir* que pour annoncer des malheurs. (Caroline Popp. *Récits et Légendes des Flandres,* p. 12.)

(2) Voir voler une pie est un présage heureux ; en apercevoir *deux* c'est un mariage, *trois* un malheur (Anvers).

dans les colombiers, il faut y placer de l'*essence ou huile d'aspic* (1).

Lorsque les pigeons se baignent ou restent exposés à la pluie en élevant leurs ailes, la pluie sera persistante.

Le Roitelet (rot'let). C'est le roitelet qui a *apporté le feu sur la terre.*

La veille des Rois, le roitelet, sa femelle et tous les petits roitelets, nés durant l'année, se réunissent au nid.

3. — ANIMAUX DIVERS.

L'Araignée (arègn'). Présages tirés à la vue d'une araignée, suivant le moment de la journée où on l'aperçoit :

Arègn' du matin
Grand chagrin.
Arègn' du midi
Grand plaisi.
Arègn' du soir
Bonn' espoir.

Araignée du matin
Grand chagrin.
Araignée du midi
Bon appétit.
Araignée du soir
Bon espoir.

Les Faucheux (araignée, leu en wall.). Les enfants s'amusent à arracher les longues pattes des faucheux et *interrogent ensuite ces membres palpitants.*

Ils leur demandent par exemple l'endroit où se

(1). Nom vulgaire de la grande lavande.

trouve le garde-champêtre. Suivant que les pattes se meuvent à droite ou à gauche, ils concluent que le garde-champêtre doit se trouver à droite ou à gauche.

Le Blaireau (tasson). La graisse du blaireau est employée pour *guérir les engelures*, les blessures, etc.

On croit que le blaireau a *deux pattes plus courtes que les autres* et qu'il doit se placer dans les sillons pour être en état de courir.

Le Chat (tcha). Lorsque le chat passe la patte *derrière l'oreille*, c'est signe de pluie ; s'il *tourne le dos au feu,* on est proche des grands froids ; enfin, s'il *gratte la terre* ou un objet quelconque avec *une patte de devant,* il fera beaucoup de vent.

Le chat *récite ses prières* quand il fait *ron-ron*. Pour empêcher un chat de *quitter la maison* on enduit ses pattes de beurre.

Les chats nés *après la St-Jean ne grandissent pas* et sont généralement dédaignés.

Les Chenilles (houlèn). Pour faire disparaître les chenilles d'un jardin, on plante en différents endroits des piquets surmontés d'un *œuf frais.*

La Chauve-souris (tchap 'sori) (1). Dès qu'ils aperçoivent une chauve-souris les enfants crient :

____

(1) Sous prétexte que la chauve-souris boit l'huile des vases sacrés, les *Bretons* la clouent vivante sur quelque porte ; les

Tchap 'sori
Venez ci (ici)
Vos arez (vous aurez)
del' tarte au riz (de la tarte au riz).

On croit que l'urine des chauve-souris *fait tomber les cheveux*.

On dit d'une personne chauve, qu'une chauve-souris a *uriné sur son crâne*.

Le Chien (tchie, à Mons kié). Le chien qui hurle la nuit, annonce *une mort prochaine*.

Pour guérir une morsure de chien, il faut faire lécher la plaie par une chienne.

Pour empêcher un chien, nouvellement arrivé dans une maison, de la quitter, on doit lui donner une patisserie qu'on a laissé séjourner sous l'aisselle pendant un certain temps.

On coupe la queue des chiens pour enlever *le ver*, qui a élu domicile dans cette partie de leur corps.

Le jour de St-Hubert on fait manger aux personnes et aux animaux du *pain béni,* qui les *préserve de la rage*.

Siciliens qui la tiennent pour une des manifestations de l'esprit des ténèbres, la brûlent toute vive à la flamme d'une lampe ; ailleurs, on se contente de l'exorciser quand elle décrit au-dessus du promeneur les méandres de son vol ; c'est pour celui-ci l'unique moyen de se soustraire aux malheurs dont elle est le présage. (G. DE CHERVILLE.)

La Coccinelle (Martin ou Marie-mariée) (1). En déposant une coccinelle sur la paume de la main on a coutume de dire : « *Martin, Martin, si vous ne dites pas au bout de trois fois, de quel côté je me marierai, je vous tuerai* ».

On répète la formulette trois fois. A la direction que prend la bestiole en s'envolant, on est fixé sur le lieu habité par sa future femme.

On dit aussi : « *Marie-mariée si vos n' vos involé nie au bout de trois coups dgi vos tuerai* », Marie-mariée si vous ne vous envolez pas au bout de trois fois (après avoir répété trois fois la formulette), je vous tuerai.

Le Crapaud (crapô). Par les fortes chaleurs les moissonneurs placent un crapaud sur leur poitrine ; il *tire*, disent-ils, *la transpiration*.

Pour guérir le *doigt blanc* on place le membre malade dans la *gueule d'un crapaud*.

Le crapaud vivant est employé dans le traitement du *chancre* ; on dépose l'animal au siège du mal.

Les enfants pensent que le crapaud est le mâle de la grenouille (2).

(1) La coccinelle se nomme à Anvers *bête de la Vierge* ; elle apporte le bonheur dans la maison qu'elle visite.

Cette jolie bestiole est généralement connue sous le nom de *bête à bon Dieu*.

(2) Le Crapaud *lance du venin*, dit-on, dans les communes voisines de Godarville. — Il tète les vaches (Luxemb.).

Le Hanneton (haniton). Les petits polissons s'amusent à faire voler les hannetons, retenus par un fil attaché à leur appareil caudal. Ils cherchent alors à les saisir par cette partie de leur corps sans cependant interrompre leur vol, s'ils réussissent ils disent que les hannetons *prêchent* (pretch) (1).

De là, lui vient sans doute le nom de *prêcheux*, sous lequel il est connu dans une grande partie du Hainaut.

Les hannetons, dont la carapace est saupoudrée d'une sorte de poudre blanche, sont appelés *meuniers* (monnies).

On a l'habitude de compter les *raies* (stigmates) *blanches*, qui décorent le ventre des hannetons ; si ces raies *sont au nombre de sept ou dépassent ce chiffre, les hannetons ont la gale*, on les rejette.

La Grenouille (reines). Quand les grenouilles coassent le soir dans les étangs, c'est signe de *beau temps*.

La petite *grenouille verte* des étangs sert à confectionner des baromètres. A cet effet, on place dans un bocal, à demi rempli d'eau, une petite échelle de bois de la hauteur du bocal.

C'est signe de *beau temps* quand on voit la gre-

(1) Toucher une *balouche* (hanneton) *mouillée* donne la gale (Meux, Namur).

nouille monter à l'échelle et sortir de l'eau, c'est au contraire signe *de pluie*, si elle demeure sous l'eau.

Le Grillon (krékion). Lorsqu'un grillon se fait entendre dans une habitation, on peut être assuré *qu'il y a de l'argent* à la maison.

Le Mulot (taup'). Pour se débarrasser des mulots, on plante dans le champ infesté par ces rongeurs quelques piquets. Plusieurs fois par jour on *frappe ces piquets* à coups redoublés ; une semaine ne se passera pas sans que ces hôtes importuns aient disparu.

La Taupe (fouyon et fouan dans d'autres localités). Pour guérir les coliques on *rôtit les pattes de devant d'une taupe*, qu'on a préalablement écorchées, puis on les fait macérer quelque temps dans de l'eau de vie. La liqueur qu'on obtient ainsi guérit les coliques.

Les Abeilles (mouch' à mièl). Un essaim d'abeilles qui s'établit dans une ruche le jour de la *Fête-Dieu*, dispose l'un de ses gâteaux en *forme de St-Sacrement* (d'ostensoir).

La nuit de Noël, à minuit, les *abeilles chantent*.

Au décès du propriétaire d'une ruche, on applique un *morceau d'étoffe noire sur la ruche*. Si l'on omettait cette formalité les abeilles mourraient ou quitteraient la ruche (1).

(1) Voir plus loin *Coutumes funèbres*.

La Vache (vatch'). Une vache mettra une *génisse* au monde si, au moment de la monte, *elle urine*. Dans le cas contraire, ce sera un *taureau*.

Si une vache donne le jour à un *taureau* pendant la période de croissance de la lune, elle produira une *génisse* l'année suivante en vertu de l'adage : *Nouvelle lune, nouveau fruit*.

Si. au contraire, la vache vêle pendant la période de décroissance de la lune, elle donnera un veau du *même sexe* l'année suivante : *Vieille lune, vieux fruit*.

C'est la coutume de mettre du *sel* ou du *genièvre* dans la gueule de veau qui vient de naître ; cela s'appelle *le baptiser*.

La nuit de Noël, à minuit, les vaches sont à *genoux*, d'autres disent *debout*, dans les étables.

Les vaches s'*entonnent* (sont météorisées) en mangeant des *fils de la vierge* (1).

Pour que les vaches ne puissent pas s'*entonner*, on leur fait *manger la nuit de Noël, à minuit*, du trèfle séché.

On *facilite la parturition* chez les vaches en leur faisant prendre une décoction de *cosses de pois*.

On implore également Ste-Brigitte, à Seneffe, pour faciliter la parturition des vaches et des juments.

(1) Fils de la Vierge, de N. D., filandres qui voltigent dans l'air en automne et qui sont produits par diverses araignées.

La Souris (sori). Pour guérir les enfants, affectés d'une incontinence d'urine, on leur donne des *souris roties* à manger (1).

Lorsqu'une personne est atteinte de *feux* (petits abcès aux lèvres) au visage, on dit qu'elle a mangé des aliments auxquels une *souris avait auparavant touché*.

Limace (lum'çon). Lorsque la limace porte de la terre sur la queue, c'est signe *de pluie* ; si c'est de l'herbe qu'elle transporte le temps sera beau.

Escargot (caracol'). Si l'escargot reste dans sa coquille c'est signe de pluie, s'il en sort on peut compter sur le beau temps.

Loup (leu). On dit d'une personne qui a dépensé follement son petit pécule, qu'*elle a avalé l'leu*.

Rat (rate). Pour débarrasser une habitation des rats, il faut s'emparer d'un de ces rongeurs, lui coudre l'anus et le rendre ensuite à la liberté. Tous les rats, mis sans doute au courant de l'opération, auront bientôt disparu.

Truie (trouïe). Pour savoir combien de petits (catcho) une truie mettra au monde, il faut compter jusqu'à 12 et répéter cette opération pendant tout le temps que dure la monte ; autant de fois on aura

(1) Ce remède est également employé à Anvers.

atteint ce nombre, autant de cochonnets verront le jour.

La Cigale (colo d'aousse) mange les verrues.

Puces (puss). L'urine, principalement lorsqu'elle est mêlée à la sciure de bois de sapin ou de chêne, *attire les puces* (1).

Poux (pû). L'abondance de poux chez un enfant est un *signe de santé*.

Rêver de poux, indice d'argent (2). Voyez *Aubépine*, p. 24.

B. — LE RÈGNE VÉGÉTAL.

I. — COUTUMES.

Les Semailles. Anciennement avant de semer les céréales on aspergeait la semence *d'eau bénite* et on y mêlait du *buis béni*.

La Rentrée des Moissons. Lorsqu'on engrangeait la dernière charretée de céréales, on plaçait des bouquets de fleurs à la tête des chevaux et au faîte des gerbes. La moisson, complètement terminée, le fermier don-

---

(1) Les puces ont été crées, dit-on à Anvers, pour les femmes paresseuses.

(2) Boire du vin de champagne donne des poux (Banlieue bruxelloise).

nait une fête pendant laquelle on dansait et on mangeait des gâteaux.

Actuellement on se contente de placer une branche d'arbre au faîte de la dernière charretée.

Faire l'aousse (août), signifie se livrer aux travaux de la moisson.

2. — LES PLANTES.

L'Aubépine blanche (blank' espèn'). On croit que les *baies* (pûs) de l'aubépine donnent des poux aux enfants.

L'aubépine n'est *jamais atteinte par le foudre* (1) parce que *Jésus fut couronné d'épines.*

L'Ail (as). Pour faire grossir l'ail, on noue la *tige* à la St-Jeau.

Le Buis (pâqu'). Le buis béni protège contre l'*incendie* et les *maléfices.*

La Betterave (pétrâl) et *la Carotte* (carot'). Ne semer ni betteraves, ni carottes par un *vent du nord,* car elles seraient difformes (*à fourtchett'*, à fourchettes, c'est-à-dire avec des excroissances).

---

(1) En Vendée et dans *le Berry on dit que l'aubépine* n'est jamais *frappée par la foudre.* (*Revue de Belgique.* Croyances berrichonnes, par J. Stecher, tome xxv p. 105.)

Dans l'*Ardenne luxembourgeoise,* on croit que les *hêtres* ne sont jamais *atteints par la foudre.* (Id. tome xxv p. 107.)

L'Endive (Indîf'). Semer les endives le jour du St-Sacrement pour les empêcher de *monter*.

Le Haricot (féf'). On plante les haricots le jour de la fête de *St-Marc* et le *Vendredi saint* pour les préserver *de la gelée*. Si l'on prend la précaution de les planter l'avant-midi, la tige *s'enroulera d'elle-même* le long de la perche.

Le Lamier blanc (blank' ortée). Avec la fleur du lamier les enfants confectionnent des *moulins*, qu'ils font tourner à tous les vents.

L'infusion de fleurs de lamier sert à guérir les rétentions d'urine.

Le Lierre (rampieul). Est employé dans un grand nombre de remèdes populaires.

L'Oignon (ougnon). Pour obtenir de gros oignons, on doit les *semer le jour de la St-Grégoire*.

Le Pissenlit (pichouli). La tête du pissenlit, chacun sait cela, se couronne après la floraison de graines soyeuses que le vent disperse au moindre souffle. Les enfants lui ont donné le nom *d'horloge* parce qu'elle sert à *déterminer l'heure*. Voici comment on procède : on prend une de ces têtes de pissenlit sur laquelle on souffle jusqu'à ce que toutes les graines aient disparu. Le *nombre de fois qu'on aura dû souffler* pour éliminer toutes ces graines représentera l'heure de la journée.

La grande Marguérite (grande Magrite). En effeuillant cette marguerite les enfants prononcent successivement l'un des mots suivants : *maison, baraque, château*. L'habitation correspondante à la dernière foliole enlevée sera elle qu'on *possèdera dans l'avenir*.

Le Persil (persin). Quand on repique le persil, on *fait mourir son parent le plus proche*.

Les Pois (pois). Si l'on veut obtenir des pois à *cosse double*, il faut les planter un *jour pair*, c'est-à-dire un mardi, un jeudi ou un samedi.

Le Seigle (blé). Pour guérir les coliques, boire de l'eau de vie dans laquelle on a fait macérer des *fleurs de seigle*.

Le Ray-grass (règra). Les enfants ont coutume de compter les épis du ray-grass en disant : *Paix, guerre, famine, bon temps*. Le mot, qui correspond au dernier épi compté, indique *l'avenir prochain*.

Quelquefois la formule change, on adopte celle que nous avons indiquée pour la grande Marguerite.

Epi double et trèfle à 4 feuilles. Les épis doubles et le trèfle à quatre feuilles passent pour des *porte-bonheur* d'une efficacité reconnue.

Les processions et les fleurs. Les fleurs cueillies sur

le parcours d'une procession (1), les jours des Rogations et du St-Sacrement, *préservent de l'orage.*

Vigne (vign'). Lorsque la vigne *pleure* c'est signe de pluie (2). On emploie la sève de la vigne dans le traitement des *maladies ophthalmiques.*

(1) Les processions nous fournissent les quelques documents suivants :

A l'occasion du pélérinage de Gerpinnes, certains cultivateurs laissent piétiner leurs champs par la foule, sous prétexte que *la récolte est plus abondante là, où le cortège de Ste-Rolende a passé.* (CAMILLE QUENNE, *Gerpinnes et son pélérinage*, pp. 12.)

Dans la même localité à la procession de la Fête Dieu, les fleurs et les branches dont les rues étaient jonchées sont religieusement recueillies et semées pêle-mêle dans les greniers et les fénils afin que ces lieux soient *préservés des rats et des souris.* (Idem, pp. 12.)

A la procession de Wavre (Brabant) un pélérin porte dans le cortège, sur un plat, un pain confectionné avec un setier de froment et orné de fleurs. Ce pain s'appelle le *Wastia* et se vend à Basse-Wavre, après la rentrée de la procession. Il ne *moisit jamais* et ceux qui en *mangent sont préservés de la rage.*

A la procession de St-Pholien (Fosses), qui a lieu tous les sept ans, *un lièvre apparait toujours* sur les hauteurs de Ste-Brigitte.

A la procession de St-Sauveur (Neerlinter, Brabant) on dit que là, où les chevaux, les voitures et les piétons qui suivent la procession, ont piétiné les champs, la *moisson est la plus belle.*

(2) C'est également signe de pluie quand la fumée qui sort des cheminés se répand sur le sol. (Godarville.)

Cerisier (cèrigi), *prunier* (proni). La gomme que sécrètent ces arbres s'appelle *brins d'agasse (pie)*.

Laitue (salât). La salade de laitue fait dormir ceux qui en mangent.

Orties (ortées). On dit aux enfants qu'on peut impunément cueillir les orties pendant tel ou tel mois, qu'elles ne *piquent pas ce mois*. Elles ne piquent en effet pas le mois, mais elles piquent l'imprudent qui y touche.

Noyer (gaï) (1). Si les noyers et les noisetiers sont chargés de fruits, il y aura beaucoup *de bâtards* durant l'année.

Fruits à noyaux. Quand la récolte de ces fruits a été abondante, on dit que c'est signe d'un *rude hiver*.

Les arbres et le givre. Lorsque les arbres sont couverts de givre on dit qu'ils ont *été à mâle*.

C. — LE RÈGNE MINÉRAL.

CHARBON (t'charbon)

Le *grisou*, gaz inflammable et explosible qui s'infiltre de temps en temps dans les mines, dans les

---

(1) En Brabant et dans le pays de Limbourg on considère St-Hilduard comme le patron des noyers. C'est pourquoi on aime d'abattre les noix pendant la semaine qui précède ou qui suit le jour de sa fête. (COREMANS, *L'année de l'ancienne Belgique*, pp. 87.)

houillères, et cause de grâves accidents, est nommé *soufre* par les mineurs.

Les houillères des environs de Godarville étant généralement peu grisouteuses, les superstitions relatives au grisou y sont fort rares.

Dans les houillères du bassin du Centre les galeries des mines sont le théâtre d'apparitions fantastiques assez fréquentes. Les Dimanches surtout, lorsque les travaux sont à peu près abandonnés, les *fantômes* se livrent au fond de la mine à de joyeux ébats, mais ils disparaissent dès qu'on veut les poursuivre.

Si un ouvrier vient à périr dans un éboulement ou dans toute autre catastrophe son *esprit apparait* aux mineurs, aussi longtemps que *tous* les débris de son corps n'ont pas été *retrouvés et enterrés en terre sainte.* (Anderlues.)

CHAPITRE III.

REMÈDES POPULAIRES.

Nous avons déjà cité quelques remèdes populaires aux articles *Animaux divers* (1) et *Plantes* (2), il nous reste à compléter cette partie de notre enquête.

(1) Voyez *blaireau, chien, crapaud, taupe, souris* et *cigale.*
(2) Voyez *lamier, lierre, seigle* et *vigne.*

Asthme (kourtrès d'alèn). Se guérit au moyen d'une infusion de baies de houx.

Brûlure (brûlur'). Laver la brûlure avec de la neige recueillie entre l'Épiphanie et la Chandeleur.— Lotionner avec du pétrole et appliquer ensuite de la levure fraîche sur la brûlure. — Brou de noix qu'on laisse putréfier dans une bouteille. — Étendre sur la partie brûlée une couche de savon noir et *recuire le mal* au feu.

On peut aussi guérir les brûlures en prononçant les paroles suivants :

Feu, feu de votre feu,
Éteignez ce feu du feu de votre feu,
Comme Judas a trahi notre Seigneur dans
le Jardin des Olives.

Ces paroles achevées, on *souffle en croix sur la brûlure,* puis on répète trois fois de suite des mots au choix, toujours les mêmes. Les grandes personnes doivent en outre réciter 5 pater et 5 ave en l'honneur des 5 plaies du Sauveur.

Chûte du rectum (sîtch'). Appliquer au siège du mal un morceau de flanelle, imbibé de lait.

Clou-Furoncle (clŏ). Il faut manger le Jeudi saint de la soupe faite de sept sortes de légumes pour être préservé des clous.

La remède le plus fréquemment employé consiste en un emplâtre confectionné avec de la poix.

Colique (maud'vint). Noix verte qu'on laisse macérer dans du genièvre.

Convulsions des enfants. Pour guérir un enfant atteint de convulsions, on emploie un remède assez singulier. On prend un pigeon vivant dont on ouvre la poitrine; les chairs palpitantes du volatile sont appliquées aussitôt sur le derrière de l'enfant et ne sont retirées que lorsque le pauvre pigeon a passé de vie à trépas. Le pigeon, disent nos bons campagnards, *a pris la maladie* (1).

Il y a un second remède qui ne le cède en rien au premier, sous le rapport de l'originalité. Le voici :

(1) M. E. MONSEUR, dans son *Folklore wallon* (Bruxelles, Rosez, 1892), cite quelques remèdes en usage parmi nos populations wallonnes (Liége), qui ne sont pas sans analogie avec ceux que nous indiquons.

« Pour guérir le *cancer au sein* on donne la recette suivante : appliquer sur le sein une écrevisse vivante dont on a lié les pinces. »

« Voulez-vous un remède contre le *choléra*? *Beur on potikt d' krach di tchin,* boire un petit pot de graisse de chien. »

« S'agit-il de *maux de dents*? Des guérisseurs touchent la dent malade avec un *clou,* puis vous disent de ficher le clou dans un arbre. Le mal disparaît au fur et à mesure que le clou s'enfonce.

« Avez-vous une *pleurésie*? Introduisez dans une pomme un *morceau d'encens* gros comme une noisette, cuisez la et mangez la.

« Pour se préserver des *rhumatismes* on n'a qu'à *conserver dans une poche un marron sauvage,* et ainsi de suite. »

Couper les pattes de devant d'une taupe, les coudre en croix dans un sachet de flanelle qu'on suspend au cou de l'enfant, de façon à recouvrir le creux de l'estomac.

La femme enceinte implore St-Ghislaln pour préserver son enfant des convulsions (1).

Cors aux pieds (aguasses). Appliquer un morceau d'ail (2) sur le mal.

Guérison des maux de dents (dins). Toucher la dent avec un clou n'ayant jamais servi, ficher ensuite le clou dans le premier arbre venu et réciter 5 pater et 5 ave en l'honneur des cinq plaies de Jésus.

Toucher la dent avec un caillou, qu'on jette ensuite loin de soi. Il faut courir, en se débarrassant du caïllou, afin de ne pas *l'entendre tomber*.

Certaines personnes brûlent la dent cariée au moyen d'un fer rougi au feu.

Pour être exempt des maux de dents il ne faut pas manger de viande pendant les quatre grandes fêtes de l'année (Noël, Ascension, Assomption, Toussaint).

(1) Quand un enfant est atteint de couvulsions on va implorer St-Ghislain et St-Jean, à Bois d'Haine.

A Chapelle-lez-Herlaimont on trempe dans l'eau de la fontaine St-Germain, la chemise des enfants malades. La partie de la chemise qui se mouille en premier lieu, indique le siége de la maladie.

(2) A Anvers l'oignon remplace l'ail.

En prenant la précaution de toujours déchausser le pied gauche le premier, on ne souffrira jamais des maux de dents.

Engelures (indgèlur's). Se chauffer les pieds à une flambée de regain, ou bien les enduire de *graisse d'enco-lure de cheval,* bien fondue.

Erysipèle (rusipel'). Lotionner avec une infusion de feuilles de houx. — Farine de pomme de terre. — Poussière recueillie sur les murs des moulins à farine.

Gerçures (crèvures) des mains. Se laver les mains dans l'urine. — *Couler* (verser) *de la poix* dans les grandes gerçures.

Maux de gorge (goï, gordj'). Thé de feuilles de ronce. — Entourer le cou d'un fil de soie rouge. — Appliquer une tranche de lard sur la gorge. — Placer des vers de terre dans un petit sachet de toile qu'on applique au siége du mal. — Enrouler un de ses bas autour du cou, le pied du bas reposant sur la gorge.

Hémorrhagies. Pour arrêter les saignements du nez, il faut placer une *clef dans le dos,* ou une feuille de *coq* (plante corymbifère, d'une odeur agréable, cultivée dans les jardins) sous le nez de la personne qui saigne. — Chicorée en poudre. — Toiles d'araignée de cave.

Hoquet (licott). Placer une clef dans le dos. — Compter à chaque spasme : 1, 2, 3... ; le hoquet aura disparu avant d'atteindre le chiffre *trois*. — Passer trois fois la lame d'un couteau dans un verre d'eau, boire ensuite cette eau d'un seul trait, sans reprendre haleine. — Agiter avec la lame d'un couteau l'eau contenue dans un verre et la boire ensuite très lente- ment. — Dire trois fois sans reprendre haleine :

> *Licott' portel' à Marcott* (belette),
> *Si etle né l'veu ni, qu'elle mè l'rapporte.*

> Licotte (hoquet) portez-le à la belette
> Si elle n'en veut pas, qu'elle me le rapporte.

ou bien :

> *Djé licott'*
> *Djé l'marcott'*
> *Si Dieu né l'vu ni, qui mé l'rapporte*
> J'ai le hoquet,
> J'ai la belette,
> Si Dieu ne le veut pas, qu'il me le rapporte.

Jaunisse (djaimiss'). Infusion d'écorce de houx. — Appliquer une tanche vivante sur le creux de l'esto- mac et l'y laisser jusqu'à entière putréfaction.

La luette déplacée (laloette avalée). S'arracher les

cheveux à un certain endroit de la tête. — Toucher la luette au moyen d'un cuiller qu'on a préalablement saupoudrée de sel ou de poivre.

Lumbago (toûr dé rin-cliq'). Entourer les reins d'une peau d'anguille. Une ficelle *neuve* remplace souvent l'anguille.

Névralgie. Enrouler une corde de violon autour du cou.

Oreilles (maux d'). Cuire un oignon et en extraire le cœur qu'on place tout chaud dans l'oreille.

Maux de tête. On se rend à Arquennes pour invoquer Ste-Cornélie.

Points de côté. Infusion de fleurs de chardons.

Pituite (mirèn, ou bien tchau keûr). Manger de la craie, boire de l'eau saturée de craie.

Rhumatismes (romatis'). Frictionner les membres endoloris avec de la graisse de chien ou de *crinière* de cheval. — Prendre des bains chauds dans le *brai* (grain fermenté) d'une brasserie.

Tâches de Rousseur (1) (stron de Judas, excréments de Judas). Se laver avec de la *rosèe de Mai* ou du *lait de jument.*

Vers intestinaux (viers). Manger des carottes crues.

(1) Voir Chapitre II, *Homme ou Corps humain*, p. 10.

— Faire rôtir quelques-uns de ces vers, les pétrir dans du lait et manger ensuite la pâte ainsi préparée.

Verrues (poriâ). Les lier au moyen d'un fil de soie. — Frotter les verrues avec un os qu'on enterre ensuite, au fur et à mesure que cet os se gâtera les verrues disparaitront. — Frictionner la verrue avec une *couenne de lard* (peau du lard) qu'on recouvre après cela de terre, rentrer chez soi sans se retourner et réciter 3 pater et 3 avé (1). — Frictionner avec des pois, jeter ensuite ceux-ci dans un puits et s'enfuir précipitamment pour ne pas les entendre tomber. La première personne qui ira puiser de l'eau sera gratifiée des verrues. — On peut encore se débarrasser des verrues en les frottant avec des nœuds de paille de seigle, qu'on enveloppe après l'opération dans du papier. On laisse ensuite tomber le paquet ainsi confectionné derrière soi, en ayant soin de ne pas se retourner et de ne pas repasser le même jour par le chemin qu'on a suivi. Le personne qui ramassera ces nœuds de paille aura les verrues. — Les frotter avec de la sève de joubarbe ou avec de la saumure.

Maux d'yeux (îe). Placer un emplâtre de savon noir

(1) Aux environs de Marche (Lux.) on fait disparaitre les poireaux en les frottant avec une peau de lard et en déposant ensuite cette peau sous une pierre, à proximité d'une gouttière. (Comm. de Gillet.)

derrière l'oreille. — Lorsqu'un corps étranger pénétre dans l'œil, il faut faire le signe de la croix.

On récite aussi la formulette suivante :

Notré Dam' dè Trèg'nie !
Djé en buch' devin m'nie,
Vene l'qué avû n'fourich', portel su vo fumie.

Notre Dame de Trazegnies (village voisin) !
J'ai une bûche dans l'œil,
Venez la chercher (l'enlever) avec une fourche et
[déposez-la sur votre fumier.

Rétention d'urine. Infusion de fleurs de lamier blanc. — Appliquer sur le ventre un cataplasme de poireaux cuits.

Coqueluche (kailtouss ou quintouss). Implorer N.D. de Lembecq, à Mignault.

<hr>

Chapitre IV.

SORCELLERIE (1).

SORCIERS ET SORCIÈRES.

Comment on les reconnaît. Les sorciers s'appellent *sorci* ou *grimanci*. Ce sont principalement les femmes qui passent pour être en relation avec le diable;

(1) A *Anvers* certains sorciers et sorcières peuvent, à leur gré, *faire le beau* ou le *mauvais temps.*

toute vieille pauvresse, aux paupières rougies, aux joues flasques et pendantes, aux allures quelque peu excentriques, est assurée d'avoir bientôt la réputation d'opérer des maléfices. Si elle demande l'aumône, on la lui fait plutôt par crainte que par charité.

Lorsqu'on soupçonne une personne de sorcellerie on la soumet à diverses épreuves. S'il s'agit d'un pauvre, avant de lui faire l'aumône, on trempe la pièce de monnaie dans l'eau bénite. Les soupçons sont fondés si le mendiant refuse l'argent.

Dans le *Luxembourg* les sorcières ont le pouvoir de *bat' li waléy* (faire tomber l'averse).

Lorsque le paysan des *environs de Gand* redoute une embûche de la part des sorcières, il saisit son couteau, en plonge la pointe dans son bénitier, prend une pièce d'argent et y gravant une croix, va la placer sous la porte, persuadé que ni sorcier, ni sorcière ne pourront jamais franchir le seuil de la maison (*Messager des Sciences historiques,* t. 28 p. 329. Article de M. HUYTENS).

Dans les campagnes flamandes, ce sont les sorcières qui *jettent le sort* et ce sont *elles qui ont le droit* de le relever. Quand une sorcière vous frappe ou vous touche une partie du corps, il faut tout aussitôt lui rendre cet attouchement, mais frapper toujours *plus haut* qu'elle, sinon le *sort fera son effet.* (*Messager des Sciences historiques,* t. 28 p. 328, même article).

A Florenville, les sorcières portent un *signe particulier sous le menton.* C'est un petit bouton noir sur lequel on remarque, en y regardant d'assez près il est vrai, deux lignes qui se coupent perpendiculairement (Communication de E. MARCEL).

Une goutte d'eau bénite, jetée furtivement dans une boisson quelconque, est aussi un excellent moyen de reconnaître les sorcières. On raconte à ee sujet l'anecdote suivante : Certain jour une personne de Godarville fut invitée à prendre le café dans une maison sur laquelle on la soupçonnait d'avoir jeté un sort. On lui versa du café allongé d'eau bénite, mais la sorcière — car c'en était une — ne parvint pas à vider sa tasse. Elle sortit aussitôt en maugréant et depuis lors elle n'a plus remis les pieds dans cette maison.

A l'église toutes les sorcières *tournent le dos à l'autel.* Le prêtre seul pourrait les apercevoir, lorsqu'il se retourne, en disant : *Dominus vobiscum,* mais *il a soin de fermer les yeux* pour ne pas les voir. La personne, qui se *croiserait les pieds pendant la messe,* verrait les têtes de toutes les sorcières surmontées d'une chandelle allumée.

On place aussi très fréquemment deux épingles *en croix* sous la chaise d'une personne suspecte de sorcellerie. Si cette personne justifie les soupçons, elle ne parviendra pas à se lever sans emporter le siège à sa suite.

Sorcière par droit de primogéniture. La fille ainée d'une sorcière, hérite du pouvoir surnaturel de sa mère à la mort de celle-ci : *il fie erprin lé papi dè s'mère*, la fille reprend les papiers de sa mère.

L'argent et les sorcières. Ne remettez jamais dans votre bourse l'argent que vous aurait donné une sorcière, car celle-ci pourrait au moyen d'un sortilège *attirer à elle* toutes les pièces qu'elle renferme.

Pacte avec Satan. Si vous êtes désireux d'entrer en relation avec Satan, prenez une poule noire — bien noire, sans aucune tâche — et rendez vous, à minuit sonnant, au carrefour des quatre chemins. Là, un homme apparaîtra aussitôt, vous demandera à acheter la poule, promettant de faire droit à toutes vos demandes. Cet homme n'est autre que Satan.

La durée du pacte est de sept ans.

MÉTAMORPHOSES. — On croit que les sorciers et sorcières ont le pouvoir de revêtir à leur gré la forme de certains animaux, notamment du chat, du cheval, de la chèvre, du chien, du crapaud, du dindon, du lièvre, du loup et du taureau.

A. *Loup-garou*. Le *loup-garou*, sorcier métamorphosé en loup, se conçoit sous la forme d'un chien, à la taille gigantesque et aux yeux flamboyants. Le monstre trottine lentement, le soir, derrière le passant attardé, annonçant sa présence par un bruit semblable à celui que feraient de lourdes chaines secouées violemment.

B. *Chat.* Plusieurs personnes de la commune ont souvent rencontré le soir des *chats* qui leur barraient le passage, ou qui passaient entre leurs jambes. A certains endroits ces chats disparaissaient.

C. *A cheval sur une truie.* Un jeune homme de Godarville, s'étant épris d'une fille des Culots (Gouy-lez-Piéton), allait tous les soirs lui faire une cour assidue. Chaque fois qu'il revenait de chez sa belle, il était assuré de rencontrer une truie qu'il devait enfourcher de force et qui le reconduisait jusqu'à la porte de sa demeure. Là, l'animal disparaissait.

D. *Lièvre.* Certain Dimanche, dans la matinée, un braconnier tira plus de 15 coups de fusil sur un lièvre sans l'atteindre. Ce qui fit dire au lièvre : « Vous feriez beaucoup mieux d'aller à la messe, que de gaspiller ainsi votre poudre. »

E. *Blessure faite au sorcier métamorphosé.* La blessure, faite au sorcier métamorphosé, apparait souvent à un endroit correspondant du corps, dès qu'il a repris la forme humaine.

Un fermier de Godarville voyait depuis quelque temps ses chevaux et son bétail succomber à un mal inconnu, imputable bien certainement à quelque maléfice de sorcier.

Notre homme, voulant savoir à qui il devait faire

porter la responsabilité de cette situation, ouvrit le ventre d'un poulain sur le point de succomber au terrible mal. Cette première opération terminée, il détacha le cœur et les poumons de sa victime et les fit bouillir dans une marmite. Le lendemain une personne du village portait de nombreuses trâces de brûlures sur la poitrine ; l'auteur du maléfice était ainsi connu.

F. *Précautions à prendre le soir*. Si vous rencontrez le soir un animal, qui vous importune, ne le frappez pas, car c'est peut-être une sorcière métamorphosée.

Comment on tue les sorcières. Si vous voulez tirer sur une sorcière, qu'elle soit métamorphosée ou non, *mordez les plombs dont vous chargez votre arme*. Si vous omettiez de prendre cette précaution, les *plombs feraient ricochet* et vous atteindraient.

Le Cauchemar. Le cauchemar est produit par une sorcière métamorphosée. Celle-ci, en *se reposant sur la poîtrine de la personne endormie*, occasionne le cauchemar.

Le cauchemar se nomme *tchôdmark* ; avoir le cauchemar, c'est être *tchôkyi*.

Si *vous prenez dans le lit la place* d'une personne qui se trouve tourmentée par le cauchemar, vous la délivrez de ce mal, mais vous en êtes affligé à votre tour.

Pendant le cauchemar, il arrive fréquemment qu'on entende la *sorcière monter sur le lit ou en descendre.*

Un jeune enfant de Godarville était sujet au cauchemar. Une nuit la mère, entendant des gémissements, sauta à bas de son lit avec l'intention de châtier la sorcière qui troublait le repos de son enfant. Avant d'atteindre le berceau, elle perçut distinctement le bruit que fit la sorcière en s'enfuyant.

On reconnaitra aisément la sorcière qui cause le cauchemar, si l'on prend la précaution de s'endormir en tenant sur la poitrine un couteau bien effilé, la pointe dirigée vers le plafond. La sorcière se blessera en voulant se poser sur la poitrine de sa victime et le lendemain ses blessures la feront facilement découvrir. Ce moyen a de nombreux détracteurs, qui prétendent avoir connu des sorcières assez adroites pour retourner le couteau et transpercer le cœur du dormeur.

Lorsque le cauchemar vous étreint il faut faire *le signe de la croix* au moyen de la langue, *à l'intérieur de la bouche.*

On dit que les chevaux ont l' *mark* (le cauchemar) lorsqu'ils s'agitent la nuit et qu'on les trouve le matin, couverts de transpiration et les crins entremêlés.

Pour se prémunir contre le cauchemar il faut placer

au-dessus de la porte de la chambre à coucher, ou s'il s'agit des animaux, de la porte des écuries et des étables, un silex *percé naturellement* et suspendu à un fil (1).

Le Sabbat. C'est le *Vendredi soir* que les sorciers et sorcières se rendent au Sabbat, *vont à l' danse.*

Avant de partir pour cette fête infernale ces suppôts de Satan s'enduisent le corps, principalement les articulations, d'un certain onguent (2).

Une sorcière, qui désire se rendre au Sabbat sans que son mari s'en aperçoive, doit placer un balai dans le lit conjugal. Ce balai prendra aussitôt sa forme et ses traits. Si c'est aux personnes réunies dans un appartement qu'elle veut déguiser son absence, elle place le balai dans la salle; comme dans le premier cas le balai reproduira exactement ses traits et personne ne se doutera de son départ.

Un jeune homme, se trouvant un soir chez sa fiancée, vit tout à coup celle-ci s'emparer d'un balai et

(1) Cette superstition existe également aux environs de Charleroi, comme nous l'apprend un article paru dans les *Documents et rapports de la Société paléontologique et archéologique de Charleroi*, t. VI, p. 466.

On la retrouve même en Écosse (*Les âges de la pierre*, etc. par J. Ivans, traduit par E. Barbier, Paris, 1878).

(2) Satan leur fournit cet onguent le Vendredi matin.

le placer à côté de lui, tandis que, suivie de sa mère, elle se retirait dans une pièce contiguë. Le balai prit aussitôt la forme de la jeune fille.

On dit les amoureux aveugles, c'est possible, mais ce ne fut pas ici le cas, car le jeune homme devina aussitôt ce qui se passait. Curieux de son naturel, il commit l'indiscrétion de regarder par le trou de la serrure et vit les deux femmes s'enduire le corps d'un certain onguent. Leur toilette terminée, les deux commères se dirigèrent vers la porte de la maison, où on les entendit prononcer distinctement les mots suivants : *Au trêvi dè haye è dè buchon, A travers* les haies et les buissons.

Au même instant les sorcières s'envolèrent dans les airs, évitant avec une rare adresse les obstacles semés sur leur passage.

« Tiens, se dit notre amoureux, *si je faisais comme elles.* » Aussitôt fait que dit, il s'enduit le corps d'onguent, et se dirige vers la porte, où il prononce la phrase qu'il vient d'entendre : *Au trêvi dè haye è dè buchon.*

Le dernier mot de cette phrase sortait à peine de sa bouche, que le voilà aussitôt soulevé et entraîné dans l'espace par une force invisible, se heurtant à tous les obstacles de la route. En quelques instants le corps du pauvre jeune homme, déchiré, meurtri, reduit en lambeaux, se trouvait dans le plus piteux état. Le malheureux n'avait pas bien saisi les termes de la formule, qui était celle-ci : *Au d'zeur dès haye é dè buchon. Au-dessus* des haies et des buissons.

— Les sorcières se rendent au Sabbat au son des violons dont on entend les accords harmonieux vers minuit.

Les sorcières et les épidémies. Jadis quand une épidémie éclatait dans une étable, on ne manquait pas de l'attribuer à un sortilège. On s'assurait si l'étable n'abritait pas de crapaud, forme souvent revêtue par les sorciers ; lorsque les recherches demeuraient infructueuses, on poussait plus loin les investigations en enlevant le pavement (1).

Faits de Sorcellerie. De nombreux faits de l'espèce se sont passés à la ferme du *Castia* (Godarville).

— On raconte qu'anciennement il suffisait, en faisant entrer les chevaux dans les écuries, de s'écrier : «*Entrez,*

(1) Quelques unes de ces pratiques nous reportent au fétichisme, ou religion des peuples primitifs.

Ainsi que le fait remarquer M. le Cte GOBLET D'ALVIELLA, dans son remarquable ouvrage sur l'*Idée de Dieu,* nos maisons hantées, nos objets possédés, les sorciers de nos paysans et les tables tournantes de nos citadins prouvent jusqu'à l'évidence que les anciennes superstitions ne sont pas éteintes parmi nous.

Compère ! » pour les voir à l'instant déharnachés et soignés mieux que les palefreniers l'eussent pu faire.

— Pendant la nuit le blutoir ne cessait de fonctionner. Certaine nuit quelqu'un s'étant avisé de tirer dans la direction du blutoir, après avoir pris la précaution de mâcher les plombs dont il avait chargé son arme, vit aussitôt une ombre se glisser le long des murs de la ferme.

— Le fermier plaça un jour sous un cuvier quelques jeunes coqs, auxquels il réservait le supplice infligé jadis par le chanoine Fulbert au tendre Abeilard. La nuit, un bruit assourdissant se produisit dans la pièce occupée par les coqs. Réveillé en sursaut, le fermier s'en fut voir la cause de tout ce tapage. En entrant dans la cave, il aperçut un chat qui disparaissait par le soupirail, tandis que les coqs, passant leur tête sous le cuvier, formaient un cercle peu rassurant.

— Durant de longues années la vache placée en face de la porte de l'étable mourait en vêlant.

— Un matin on trouva l'écurie dans un singulier état,

En y réfléchissant, est ce que pour la masse — qui distingue mal le symbolisme de la réalité — un saint ou une madone, en bois ou en pierre *(St-Éleuthère était jadis promené dans les rues de Tournai pendant les grandes sécheresses),* qui peut faire la pluie ou le beau temps dans les campagnes, ne constitue pas tout aussi bien un fétiche à forme humaine que le dernier des fétiches nègres ?

les chevaux, les murs et le plafond étaient maculés de sang. Dans la coffre à l'avoine on découvrit un amas de sang coagulé, de la grosseur d'un petit pain. Deux chevaux avaient rompu leurs chaines.

On ne manqua pas d'attribuer tous ces faits à la sorcellerie.

D'autres endroits de Godarville furent aussi le théâtre d'exploits aussi extraordinaires, oyez :

— Un jeune homme de Gouy courtisait une demoiselle de Godarville, malade depuis longtemps ; chaque soir, en quittant sa fiancée, il était reconduit jusqu'au seuil de son logis par un cheval. Ce singulier animal, dressé sur l'arrière train, marchait sur les talons de son compagnon, qu'il semblait couvrir de ses jambes de devant.

Fatigué d'une société aussi peu récréative, notre amoureux s'en fut à St-Hubert confier son cas à gens experts en faits de sorcellerie. Là, on lui remit un anneau qu'il devait faire porter par sa maitresse ou cacher dans la maison de celle-ci, s'il craignait qu'elle ne le perdit. Si par hasard cet anneau, qu'il fallait garder avec un soin jaloux, venait à disparaître, il devait se rendre immédiatement chez le curé et le prier de dire *une messe avec 100 chandelles*, sinon la jeune fille mourrait bientôt.

L'anneau fut soigneusement caché par le jeune homme sous le pied du lit de la malade, à l'insu de tout le monde.

Dès ce moment les apparitions nocturnes cessèrent et la jeune fille sembla recouvrer insensiblement la santé.

Un jour la mère, ayant découvert la bague placée au pied du lit de sa fille, s'en empara. Aussitôt les apparitions nocturnes recommencèrent et l'état de la malade empira.

Ce que voyant le jeune amoureux courut au lit et constata, à son grand désespoir, la disparition de la bague. Il ne lui restait plus qu'à se rendre chez le curé pour le prier de chanter une messe *avec 100 chandelles*.

Le curé, surpris d'une demande aussi extraordinaire, refusa, alléguant que des messes de l'espèce ne se disaient pas.

A quelque temps de là, notre jeune homme, en regagnant nuitamment sa demeure, aperçut, non loin du pont de Nardom, un cercueil entourée d'un nombre innombrable de bougies allumées. Le lendemain, il apprit la mort de sa maîtresse.

— Il y a quelques années vivait au hameau des Culots, sous Gouy-lez-Piéton, une vieille femme surnommée *Nik-Petit,* qui passait pour cultiver la magie.

Un nuit, un passant attardé aperçut la maison de
Nik tout en flammes. *C'est la maison d'une sorcière,*
se dit il à part lui, *laissons la brûler*, et il poursuivit
son chemin. Cependant ayant rencontré quelques
pas plus loin des amis il revint, accompagné de
ceux-ci, devant la maison incendiée, se promettant
de jouir du désespoir de la vieille sorciére.

Mais quel ne fut pas l'étonnement de nos paysans
en voyant deux énormes chats, occupés à reconstruire
la maison de Nik que le feu avait complètement
dévorée.

Le lendemain rien ne rappelait plus l'évènement
de la veille, la maison était telle qu'on l'avait toujours
connue.

— Les vieillards se rappellent encore d'une dame
de Godarville dont la chemise se déchirait toutes
les nuits. Elle avait beau renouveler ce vêtement
intime, elle le retrouvait aussitôt transformé en
charpie.

— Vers 1852 un jeune homme de Godarville,
accompagné d'un ami, s'en fut consulter un *célèbre
devin de Roux*, dont la réputation dans l'art des enchan-
tements n'était plus à faire. Il s'agissait d'échapper à
la conscription en prenant un bon numéro.

L'hiver étant pluvieux les *prés de Chaufours*, que

traverse la voie la plus directe, se trouvaient trans-
formés en un vaste marécage. Il ne fallait donc pas
songer à suivre cette route.

Nos deux amis revinrent donc de leur excursion à
Roux par un autre chemin. Le devin de Roux les
accompagna jusqu'au village de Trazegnies, où ils
devaient prendre la route de Gouy.

Arrivé en cet endroit le sorcier engagea fortement
ses deux compagnons à modifier leur itinéraire et à
traverser les prés de Chaufours, ce qu'ils firent. A
leur grand étonnement ces prés qui, le matin, offraient
l'aspect d'un immense lac, étaient complètement désé-
chés et une magnifique route pavée les traversait.

— Certain soir la femme B. P., de Godarville,
revenant du hameau des Culots par le sentier du
Castia (1), aperçut, à peu de distance de la ferme de
ce nom, un groupe de femmes assises autour d'un
bon feu.

Ces femmes, qu'elle connaissait pour la plupart,
buvaient du café; dès qu'elles l'aperçurent, elles se
levèrent et l'engagèrent à venir s'asseoir à côté d'elles.
A votre santé B., dit l'une d'entre elles, en lui présentant une tasse de café.

B. accepta la tasse qu'on lui offrait, mais elle eut

(1) Sentier aujourd'hui supprimé.

la précaution de faire le signe de la croix avant de la porter à ses lèvres. Bien lui en prit, car aussitôt femmes, feu, tout disparut comme par enchantement.

La femme B. conserva longtemps la tasse qui lui rappelait cet évènement mémorable.

— Un nommé L., aiguiseur de ciseaux, avait quitté Gouy-lez-Piéton à une heure assez avancée de la soirée et regagnait son logis à Godarville. Arrivé non loin du moulin de « Caillet », il aperçut une immense salle, d'une somptuosité peu commune ; le bal était en son plein, les couples tourbillonnaient avec une vitesse effrayante, aux sons d'accords divins, les plateaux de rafraîchissements circulaient au milieu de toilettes resplendissantes d'or et de pierreries. Chose curieuse, on n'apercevait aucun homme dans la salle.

Le lendemain L., encore sous l'empire de la vision de la veille, se rendit au moulin de Caillet, pour admirer plus à son aise les merveilles qu'il avait seule ment entrevues la veille ; mais il perdit ses peines, la campagne solitaire et monotome s'offrait seule à ses regards.

Précaution à prendre à l'égard des sorcières. En parlant d'une personne suspecte de sorcellerie, on doit faire entrer dans la phrase le nom du jour courant.

On commence ordinairement la phrase en disant :

« *C'est aujourd'hui Vendredi* », puis on poursuit son récit.

Une sorcière peut *jeter un sort par simple attouche-ment*. Pour se prémunir contre les conséquences que pourrait avoir cet attouchement, il faut se toucher le corps au *dessus* de l'endroit que la sorcière a atteint, sinon le sort ferait son effet.

Un enfant peut être ensorcelé en embrassant une sorcière.

Afin d'empêcher une sorcière d'entrer dans une maison on fait une croix à la craie, ou avec de l'eau bénite, sur le seuil ou au dessus de la porte d'entrée.

Un crucifix, placé au dessus de la porte, deux balais disposés en croix, un balai au travers de la porte, sont aussi d'excellents moyens pour se mettre à l'abri des sorcières.

Si une sorcière avait pénétré dans la maison, on agirait de la même façon pour l'empêcher de nuire.

On ne donne jamais du lait, du pain, à une personne suspecte, sans exiger en retour une légère rétribution, soit une épingle, une pièce de 0.01 c. etc.

On recommande aux enfants de refuser ou de jeter les gâteaux et autres friandises qu'une inconnue leur donnerait.

Ne jamais ramasser un objet sans faire le signe de la croix.

Une sorcière peut vous envoyer une foule d'hôtes incommodes, tels que rats, souris, poux, puces, etc., si vous lui refusez une chose qu'il est en votre pouvoir de lui accorder.

Exorcismes. Pour détruire l'effet *d'un sort*, on doit se rendre à St-Hubert, ou réclamer l'assistance du curé.

On se débarrasse du cauchemar en urinant dans une *bouteille neuve*, qu'on bouche avec un *bouchon neuf*. Cette bouteille est ensuite soigneusement cachée. La personne qui vous a jeté un sort se trouvant, dès ce moment dans l'impossibilité d'uriner, se voit obligée de vous prier de déboucher la bouteille contre la promesse de ne plus vous inquiéter. Si on s'obstinait à refuser ce service au sorcier, il périrait. D'autre part il faut ne pas perdre de vue la bouteille, car si le sorcier parvenait à s'en emparer il la déboucherait et, dans ce cas, c'est la personne sujette au cauchemar qui mourrait.

CHAPITRE V.

LE CALENDRIER.

A. — LES JOURS DE LA SEMAINE.

Dictons : Bia verdi, Beau Vendredi, (1)
         lé dimins. laid Dimanche.

I n'a nî si lé Sam'di qué l' soley en 'lû ioudi.
Il n'y a pas de si laid Samedi, que le soleil ne luise
                        [quelques instants.

Quand il pleut le Dimanche, pendant le temps qui
sépare les deux messes, le temps sera mauvais durant
toute la semaine.

B. — LES MOIS.

Dictons :

Janvier. *Si Janvie avoû l' pouvoir dé Feviè i froû dgêlé*
    l' marmit 'su l' feu.

Si Janvier avait le pouvoir de Février, il
ferait geler les marmites sur le feu.

(1) Dans l'opinion vulgaire, le Vendredi est devenu un jour funeste et de mauvais augure, même pour les sujets auxquels il était jadis consacré. C'était autrefois le jour des noces ; c'était la fête des esclaves ; on n'en veut plus, ni pour les formalités du mariage, ni comme jour d'entrée au service des domestiques (DE GRAVE. *La République des Champs-Élysées*, t. 3, p. 59-60).

Février.   Pluie en Février
Vaut du fumier.

Avril.   *I n'a ni si p'ti mois d'Avri*
Qui n'a son chapô de grésil (1).

Il n'y a pas si petit mois d'Avril
Qui n'ait son chapeau de grésil.

Au mois d'Avri
I a dé spi.

Au mois d'Avril
Il y a des épis.

Mai.   L'avoine semée en Mai
Ne croît jamais.

On chante aussi :

Joli mois de Mai   }
Quand reviendras-tu ? } bis
Faire pousser les feuilles
Pour..... (2)

C. — LES JOURS DE L'ANNÉE.

Le Nouvel an. La jeune fille doit demander le prénom du petit garçon qui vient, *le premier*, lui souhaiter la nouvelle année. Son futur mari portera le même nom.

Ce jour-là les enfants parcourent en bandes les

(1) Les paysans disent *chapô de Brésil.*
(2) Un auteur latin oserait, peut-être, continuer la citation.

rues et frappent à chaque porte, en chantant le couplet suivant :

Bonn' an, bonn' année,	Bon an, bonne année,
Em' panse è trawée,	Mon ventre est troué,
Im faut in bonn' an	Il me faut un bon an
Pou met' au d'vant.	Pour mettre devant.

Dans les cabarets on a coutume de mettre en loterie un énorme pain d'épices, orné de sucreries, que le gagnant mange en famille (1).

La veille de l'Épiphanie (les rois). Durant toute la soirée la campagne retentit de *coups de feu,* tirés par les villageois, en l'honneur de la solennité du lendemain.

A la veillée on *tire les rois.* Voici comment on procède : Un jeu de cartes est préparé et chacun prend une carte. Un roi, tiré du jeu, confère la dignité royale à qui échoit cette heureuse fortune ; il en est de même pour la reine et les valets qui représentent les aides de camp du roi. Chacun de ces dignitaires remplit les devoirs inhérents à sa charge durant le repas qui suit.

On fait, disent les campagnards, *sept heures long et*

____

(1) Aux environs de Marche (Luxembourg) on donne à la première galette, qu'on fait à la nouvelle année, la forme d'une croix. Cette patisserie ne se *gâte jamais,* elle devient au contraire meilleure de jour en jour (comm. de Gillet).

sept heures large pour aller, ce jour-là, s'asseoir à la table de ses parents.

Le Dimanche qui suit l'Épiphanie s'appelle le *Dimanche du Roi brouzé* (roi noirci). On avait coutume autrefois de noircir le roi avec un bouchon brûlé. C'est la fête des cloutiers.

Fête de St-Maur. Les arbres qu'on plante le jour de la fête de St-Maur ne grandissent pas.

Mardi gras. L'après-midi on chôme et l'on joue à *la crosse*. On mange des gaufres ou des galettes, comme au jour des Rois.

Mercredi des Cendres. La croix que le prêtre trâce sur le front de ses paroissiens ne doit pas être effacée, il faut le garder le plus longtemps possible.

Dimanche du grand feu (1er Dim. du Carême). Ce Dimanche est appelé *djou dè fleurû*. (1).

On allume des grands feux dans les vergers et les jardins ; dans ceux-ci pour obtenir une belle récolte *d'oignons*, dans les vergers pour que les arbres soient chargés *de fruits*. Les jeunes gens dansent en rond autour du feu et sautent ensuite au dessus du brasier afin d'être préservés des coliques.

(1) Dans la plupart des localités du bassin du Centre, ce jour se nomme Dimanche du *Feureux*, corruption de *Feu heureux*.

La personne qui, le jour du grand feu, aperçoit du même endroit sept feux est regalée de gaufres.

Le jour du grand feu les enfants se réunissent à la table paternelle ; on fait ce jour-là *7 heures long et 7 heures large* pour prolonger la vie de ses parents.

St-Grégoire. St-Grégoire est le patron des écoliers.

Les enfants ornent leur couvre-chef de rubans et vont de ferme en ferme demander *leur St-Grégoire,* en chantant le couplet suivant :

> En entrant dans les champs,
> Les écoliers sont charmants.
> St-Grégoire n'est ni ko (n'est pas encore) mort, } bis.
> Car il vit encore.

On leur donne des œufs ou des fruits.

A la St-Grégoire on sême les oignons, la terre fut-elle recouverte de neige.

La Chandeleur. Quand le soleil luit sur l'autel pendant la Grand' messe, l'hiver se prolongera encore durant six semaines, et l'on dit : *l'hivier' ermont' à tchfô* (l'hiver remonte à cheval).

Si à la Chandeleur la ronce est recouverte de rosée, il faut vendre le grain car il diminuera de valeur ; si au contraire elle est sèche le grain augmentera de prix.

Le Dimanche des Rameaux. Chacun se rend à la

grand' messe muni d'une branche de buis que le prêtre bénit.

Le Jeudi saint. (1) Lorsque le soleil luit sur l'autel le Jeudi saint, l'été sera généralement beau.

Ce jour-là, on se rend à l'église pendant une heure. C'est ce qu'on nomme faire son heure d'adoration.

C'est le jour du départ des cloches pour la ville éternelle.

Voyez chapitre III. Remèdes populaires : *Furoncle.*

Le Vendredi saint (2). Cuisez votre pain le Vendredi saint, mais gardez-vous bien de laver le linge ce jour là.

Jesus et St-Pierre, n'ayant sans doute rien de mieux à faire, se promenaient un jour sur terre, lorsque le

(1) Le jour du Jeudi saint on fait à Soignies, de temps immémorial, la cérémonie du *Mandatum* ou lavement des pieds, et les 12 pauvres choisis à cette occasion reçoivent chacun un pain et une pièce de monnaie. (TH. LEJEUNE. *L'ancienne ville de Soignies*).

(2) S'il neige pendant la nuit du *Vendredi saint* il faut recueillir, à minuit sonnant, une quantité de neige suffisante pour remplir une bouteille. Cette eau ne se gâte jamais, elle a la propriété de guérir divers maux, notamment les brûlures. (Environs de Marche, Luxemb. recueilli sur les lieux.)

Le Vendredi saint de chaque année, il était fait grâce à tous ceux qui étaient détenus dans la prison d'Ypres, pour tout délit quelconque, criminel ou civil, commis à l'encontre du prince. (*Messager des sciences historiques*, tom I. pp. 276).

premier, pris tout à coup d'une soif ardente, avisa une femme qui faisait sa lessive.

« Femme ! lui dit-il, j'ai soif, donne-moi à boire. »

La femme tendit à Jésus une tasse de lessive qu'il but sans mot dire.

Plus loin nos deux excursionnistes apercevant une femme qui cuisait son pain, lui demandèrent à manger. Celle-ci s'empressa d'offrir aux étrangers un beau petit pain, bien chaud.

Jesus l'ayant pris dit : *Maudite soit la femme qui lave et bénie soit la femme qui cuit.* Depuis lors la femme qui cuit le Vendredi saint voit son pain béni durant le restant de l'année (1).

Voir *harricots*, p. 25 et *coqs et poules*, p. 13.

Ils devaient cependant lorsqu'ils en avaient les moyens acquitter les frais de leur détention. Ceux qui obtenaient ainsi leur grâce étaient nommés enfants du Vendredi saint (Goeden Vrijdag kinders).

A Anvers, au secrétariat de la ville, l'année civile s'ouvrait le Vendredi saint, à midi. (BARON DE REINSBERG-DURINGSFELD. *Calendrier Belge*. Introd. VII).

A Ypres, le Jeudi et le Vendredi de la semaine sainte, tous les lépreux de la maladrerie des *Hoogezieken* accouraient sur la place de la ville. Là, se trouvaient dressées des espèces de cabanes, où l'on distribuait force aumônes aux lépreux. (SANDERUS. *Flandria illustrata*).

(1) A Namur et à Dinant on raconte une légende à peu près identique ; elle diffère seulement par quelques détails (Cfr. Bon DE REINSBERG. *Calendrier belge*, t. I, p. 235).

Samedi. C'est le jour où les cloches reviennent de Rome.

Les parents ont coutume de déposer, avant la 1re sonnerie des cloches, des œufs teintés de diverses nuances sous les plantes et les arbres des jardins. Dès que les cloches se font entendre les enfants se précipitent à la recherche de ces œufs pondus, dit on, par *les poules du bon Dieu*. Il ne faut pas sortir de la maison avant d'avoir entendu le son des cloches parce que, si on négligeait cette précaution, les poules ne ponderaient pas.

Le Samedi saint les enfants vont de ferme en ferme réclamer leurs *cloches de Rome* (1).

Un morceau du cierge pascal préserve de tous maux ceux qui le possèdent.

Le vent qui souffle le jour de la bénédiction des fonds (Samedi saint) sera le vent dominànt de l'année.

Le jour de Pâques (2). On *étrenne* ses habits d'été le jour de Pâques.

(1) C'est ainsi qu'on nomme les œufs de Pâques.

(2) Ne pas manger de viande le Dimanche de Pâques garantit des maux de dents. A. Hock. Croyances et remèdes popul. au pays de Liége).

Boire de l'eau froide le jour de Pâques garantit la santé.

(Id.)

Dimanche du Quasimodo. On nomme ce jour, *d'joû de' monnî*, (jour des meuniers), parce que ceux-ci ne se pressent guère de *faire leurs Pâques* et attendent toujours le dernier moment pour se mettre en règle avec leur conscience. Disons, entre parenthèses, que les meuniers ont, à tort ou à raison, la réputation d'être quelque peu voleurs.

Les bourreaux étaient jadis obligés de porter des habits chargés de quelque marque de leur infamie, comme une échelle et une potence. Mais à Pâques, il leur était permis de les quitter et de s'habiller d'autre façon.

C'est de là qu'est venu le proverbe populaire que nous trouvons dans le *dictionnaire Rouchi-Français*, de Hécart, (Valenciennes, 1834) : *Ete aussi faraut qué l'tien* (chien) *du bourriau qui va fère ses Pâques* et qui a son similaire en français : *Brâve comme un bourreau qui fait ses Pâques.*

L'origine religieuse de la fête de Pâques est trop connue pour que nous nous y arrêtions un seul instant, nous nous attacherons de préférence à ce qui caractérise la tradition populaire.

Ainsi que l'atteste le vieil usage, perpétué jusque parmi nous, les *œufs de Pâques*, les réjouissances traditionnelles qui avaient lieu, d'après les prescriptions du concile de Nicée, le Dimanche qui suivait la première pleine lune après l'équinoxe du printemps, célébraient surtout la fin du jeûne et le retour à un régime un peu plus reconstituant que celui du carême.

On s'offrait des œufs. C'était comme si on s'était dit : *Enfin, nous allons donc pouvoir manger*. Et de fait, c'était à ce point de vue une véritable délivrance qu'apportait le jour de Pâques.

Celui qui *fait ses Pâques* le dernier reçoit, dit-on, un jambon ou un quartier de veau du curé.

1ᵣ *Avril*. Comme partout ailleurs le 1ᵣ Avril est le jour des *poissons*, attrapes qui consistent à faire courir quelqu'un sous de faux prétextes.

On dépêche par exemple un naïf paysan chez un fermier voisin avec mission de demander *dè l' sèmins d'Avri*, de la semence d'Avril. Le fermier d'ordinaire reçoit le visiteur très poliment, s'enquiert de l'objet de sa visite et finit par lui remettre la semence d'avril sous forme d'énormes cailloux, entassés dans un sac.

Quelquefois le pauvre paysan est accueilli moins favorablement ; il est livré aux *Varlets* (domestiques de ferme) qui lui noircissent la figure.

1ᵉʳ *Mai*. Pendant la nuit du 1ᵉʳ Mai les murs des maisons, habitées par des jeunes gens nubiles, se garnissent de bonshommes ébauchés à la diable, soit avec de la couleur, soit avec du goudron. C'est ce qu'on appelle faire des *trophées*.

On plante les *Mais* (1).

____

(1) En Brabant on plante le *Mai* ou *Meiboom* sur la place publique, devant les chapelles, devant la porte du curé, etc.

Dans la Campine les jeunes gens grimpent sur les toits de leurs maitresses et y attachent des branches de buis ou *Meipalmen*.

Dans le Limbourg on attache une branche de laurier, de

15 Mai. Renouvellement des Mais.

Les Rogations (15, 16 et 17 Mai). C'est le moment de planter les fèves. Les rogations se nomment *Croix,* sans doute à cause des nombreuses croix qui marchent en tête de ces sortes de processions.

On jonche le sol de fleurs sur le parcours des *croix.* Ces fleurs préservent de la foudre.

St-Pierre. On mange le *chaudeau.* Voir *ail,* p. 24.

sapin ou de bouleau, décorée de rubans, à la porte des jeunes filles dont la *conduite est irréprochable,* pour les *autres* un *bouquet de persil.*

A Ath on attache une branche de verdure à la porte des jeunes filles vertueuses, une *poupée de paille,* appelée *Mahomet,* vis-à-vis la porte ou la fenêtre des filles qui, dans le courant de l'année, sont *devenues mères.*

Dans le Nord de la France, cette poupée s'appelle *Marmouset.*

A Florenville et dans d'autres localités du Luxembourg il existe une curieuse coutume, celle de peser les jeunes filles.

Trois compères s'emparent de la jeune fille sur laquelle ils ont jeté leur dévolu et la soulèvent de terre. Tandis que l'un soutient la tête, un autre les pieds, le troisième larron se glisse à trois reprises différentes sous le corps de la patiente. Cette opération terminée, la jeune fille est *pesée ;* tous les jeunes gens présents au pesage l'embrassent, en commençant par celui qui soutenait la tête et en finissant par celui qui soulevait les pieds.

N'est ce pas là un souvenir de la pesée pratiquée jadis sur ceux qu'on croyait maléficiés ?

Le beurre de Mai est considéré dans plusieurs endroits comme un onguent propre à guérir plusieurs sortes de plaies.

St-Médard. St-Médard St-Médard
Grand pichard ! Grand pisseur !
St-Bernabé St-Barnabé
li stiér è sné. lui essuie le nez.

St-Jean-Baptiste. On allume des feux à la St-Jean.

Le charbon provenant d'un feu de la St-Jean garantit les habitations de l'incendie.

S'il pleut la nuit de St-Jean, toutes les noisettes seront trouées.

Voir *Chat,* p. 16.

Assomption (15 Août). La grande lessive (1) doit se faire entre *lè deu Notre Dam'* (les deux N. Dames), c'est-à-dire entre l'Assomption et la Nativité, sinon le linge jaunirait.

Les œufs pondus et les fèves plantées entre les Deux N. D. jouissent de certaines prérogatives, les premiers se conservent parfaitement et les autres acquièrent de belles dimensions.

La Toussaint (2). Le diable se plaignit certain jour

(1) Quand on voit en rêve du linge blanc ou lorsqu'on songe à une grande lessive, c'est l'indice d'une mort prochaine, (Anvers).

(2) Dans les Flandres on faisait cuire autrefois des *Zielenkoeken,* gâteaux d'âmes, la veille du *jour des morts.*

C'étaient des petits gâteaux ronds, d'une pâte compacte et safranée. On les marquait d'une croix et la couleur que leur donnait le safran, était l'image des flammes éternelles. *Autant de gâteaux mangés, autant d'âmes tirées du purgatoire.*

à Dieu de l'état peu prospère de ses affaires, surtout depuis que le prêtre récitait après la messe l'Evangile selon St-Jean (1).

Dieu voulant accorder une certaine satisfaction à Satan, lui promit que les âmes de toutes les personnes qui naîtraient le jour dela Toussaint, entre les vêpres et l'office des morts, lui appartiendraient. Pour mettre Satan à la portion congrue on chante, à la Toussaint, l'office des morts immédiatement après les vêpres. C'est ce qui s'appelle voler le diable.

Les cloches sonnent sans interruption depuis la fin des vêpres jusqu'à 10 heures du soir.

Dans les familles aisées on remplaçait cette indigeste pâtisserie par des *Koekebakken*, crêpes.

Variante. Les *pankoeken* sont des sortes de beignets faits dans une poêle avec de la pâte levée ou fermentée. La personne qui mange le premier *koek* ou *pankoek* dit un pater à l'intention des âmes du purgatoire ; de là le nom de *Koek des âmes* ou *Zielenkoeken.*

— Le *jour des morts* pas un pêcheur du littoral belge ne prendrait la mer.

Un jour, à Blankenberghe, l'un d'eux enfreignit cette loi et lorsqu'il retira ses filets, au lieu de poisson, ils *étaient remplis d'ossements humains* et des voix plaintives, sortant des flots irrités, semblaient maudire le profanateur (CAROLINE POPP. *Récits et Légendes des Flandres*, p. 36-37).

— Le jour de la Toussaint il faut aller à la forêt et y couper un morceau d'un hêtre, s'il est humide, l'hiver sera froid, s'il est sec, le contraire aura lieu (TUINMAN. *Voorteekenen*).

(1) L'évangile selon St-Jean empêche, dit-on les maléfices.

Jour des morts (trépassés). On nomme ce jour le *jour des Ames*. Les bestiaux ne doivent pas être conduits aux pâturages le jour des âmes, parce que celles-ci sont perchées sur les arbres et les buissons.

Il faut avoir soin de fermer les portes avec précaution pour ne pas blesser les âmes qui voltigent dans les maisons.

St-Hubert. Lorsqu'on aperçoit un chien suspect, on récite la prière suivante :

St-Hubert glorieux !
Dieu le fils fait l'amoureux,
Trois choses il nous défend,
L'élu du serpent,
Cette bête enragée,
Qui ne peut pas plus nous approcher
Que les étoiles du ciel.
Ainsi soit-il. *(sic.)*

On fait bénir le pain le jour de St-Hubert, puis on en mange un morceau, à jeûn, pour être préservé de la rage.

Le pain béni, ce jour-là, ne moisit jamais.

St-Martin. S'il pleut à *bouillon* (s'il pleut abondamment, si l'eau rejaillit en tombant), il pleuvra durant six semaines.

La Noël (1). Voyez l'article *Animaux divers, vaches,*
p. 21.

Ver Nowé,	Noël vert,
Blanch'-è-Pâk.	Pâques blanches.
Blan Nowé,	Noël blanc,
Vert-è-Pâk.	Pâques vertes.

S'il neige avant la Noël, on aura deux hivers.

(1) Les croyances ou superstitions que nous reproduisons ci-après sont tirées des ouvrages de COREMANS, HOCK, etc.

Autant de fois que chante le coq, lorsqu'on éclaire le poulailler dans la nuit de Noël, autant d'escalins le *zister de seigle coûtera,* l'année suivante, en Brabant.

Si la nuit de Noël *est claire,* la grange *sera sombre* (c'est-à-dire remplie) après la récolte ; si cette nuit *est sombre,* la grange ne sera que *trop claire.*

Qui est né pendant la nuit de Noël voit les esprits divins, c'est-à-dire *se distingue par une rare intelligence.*

Il ne faut pas laisser *apercevoir aux arbres un rouet* pendant cette nuit, car ils ne porteraient pas l'année suivante. On ne *file pas non plus durant* cette nuit, car ça ne porte pas bonheur.

Qui *nomme le loup* pendant la nuit de Noël, doit s'attendre au déplaisir de le voir *apparaître au milieu* de son troupeau.

L'eau, puisée *à minuit,* pendant que l'heure *sonne est sacrée ;* elle guérit la *fièvre,* les *maux d'estomac,* etc.

Le charbon de bois qui a brûlé pendant la nuit de Noël, pillé et puis mêlé à de l'eau, guérit *les phthisiques.*

On met dans le feu une forte bûche de bois, qu'on continue à faire brûler pendant plusieurs nuits. Les charbons de cette bûche, pillés, préservent *des maux de dents,* à ce que dit le *Limburgschen Almanak.*

Les amants jettent la veille de Noël deux noix dans le feu.

6

A la Noël les jours croissent imperceptiblement,
c'est ce qui a donné naissance au diction suivant :

Au Nowé   A la Noël
d'in toûr dé clé   d'un tour de clef.

A la nouvelle année le progrès est plus sensible :

Au nouvel an
de' la djamblée d'in serdgen.

Au nouvel an
de l'enjambée d'un sergent.

Si elles *brûlent paisiblement* leur *mariage sera heureux*, si elles *éclatent bruyamment* leur vie future sera agitée.

On jette une poignée de sel sur la table la veille de la Noël. Si ce sel se fond, on *devra mourir*. D'autres ne voient dans cette expérience qu'un moyen de savoir si l'année suivante *sera humide ou non*, si le sel se fond on attend une année humide.

Quand la lumière *s'éteint à table*, la veille de la Noël, on croit qu'un des convives est *voué à la mort*.

Les filles se rendent près du puits avec une chandelle allumée et regardent dans l'eau ; elles *y voient le portrait de leur futur mari*. (Dr COREMANS. *L'année de l'ancienne Belgique*. Dans les bull. de la commiss, royale d'hist. t. VII, page 100 et suivantes).

Dans les Ardennes les jeunes gens vont, la veille de Noël, la hotte au dos, quémander de maison en maison, des victuailles, du lard, du beurre et principalement des *œufs*, d'où est venu le nom donné à cette coutume : *Fé l'veheu, faire la fouine* (on sait que la fouine affectionne particulièrement les œufs). La collecte faite, ils se rassemblent dans une ferme, où ils se régalent aux dépens de la généralité. (Bull. de la soc. liég. de litt. wall. 2e série, tom. VII, p. 200).

Enfin :

Aux Rois	Aux Rois
on sda perçoi	on s'en aperçoit.

Le clou forgé à minuit, la nuit de Noël, porte bonheur. Si l'on plaçait ce clou dans l'empreinte laissée sur le sol par le fer d'un cheval, celui-ci boiterait.

Un rameau d'aubépine, coupé à minuit et déposé dans un verre d'eau, fleurira à la Chandeleur.

A la Noël les enfants trouvent dans leur lit ou dans le panier qu'ils ont déposé devant la cheminée

Dans les villages, près de Liége, à l'heure de minuit (nuit de Noël), les paysans *répandent de l'eau autour de la maison.* Ils sont persuadés que cette trainée *empêchera les rats et les souris d'entrer dans les habitations.* (Hock. Croyances et remèdes pop. au pays de Liége).

On dépose du pain en plein air, dans le jardin ou sur l'appui de la fenêtre, pendant la nuit de Noël. C'est le premier pain qu'on mange le lendemain. A Dison et dans les villages environnants, on le distribue aux personnes du ménage et aux bestiaux. Ce pain est béni naturellement par l'influence de l'heure de minuit. L'eau est bénite de la même manière. (A. Hock. ouv. cit.).

Le lendemain de Noël, les jeunes gens, munis de baguettes, se rendaient chez toutes les filles du village et leur donnaient une légère bastonnade. La mère de famille faisait alors servir de la bière, du café, des gaufres. Les jeunes gens goutaient de tout, puis continuaient leur étrange promenade. Cette singulière coutume avait nom le fessage. (Macon, Hainaut. J. Lemoine. Le *Folklore au pays wallon*).

La coutume que cite M. Lemoine existe aussi, avec quelques variantes, à *Etalle* (Luxemb.).

une *Cougnole*, patisserie représentant vaguement un enfant au maillot. Sur la Cougnole sont collées des gravures de plâtre.

On dit que c'est le petit Jésus qui a apporté lui-même cette friandise aux enfants qui se conduisent bien.

Le jour de la Noël on dit : *Kan on n'a ni del viande à mindgi on mindg' es pèti doû,* quand on n'a pas de viande à manger ce jour là, on mange *son petit doigt.*

Ste-Catherine. Ste-Catherine, martyre, est la patronne des métiers dans lesquels la roue est employée; ainsi les meuniers, les charrons et les charretiers chôment le jour de sa fête.

A la Ste-Catherine on chante :

> Ste-Cathérine est toudi là
> Quèl s'exerce (bis).
> Ste-Cathérine est toudi là
> Quèl s'exerce pou quand i faura.

> —

> Ste-Catherine est toujours là
> Qu'elle s'exerce (bis).
> Ste-Catherine est toujours là
> Qu'elle s'exerce pour quand il le faudra.

St-Eloi. Les cultivateurs, les maréchaux font dire une messe à la St-Eloi.

Les forgerons, les ajusteurs, les tourneurs en fer,

les fondeurs, etc., chôment le jour de la fête de St-Eloi.

St-Nicolas. Les enfants adressent les prières suivantes à leur saint patron :

St-Nicolas bonhomme !
Apportez moi des prones (prunes),
Apportez moi des macarons,
Apportez moi ce que vous avez de *plus bon* (sic).

Ou encore :

St-Nicolas barbaco !
Mon bon patron,
Apportez moi
Toutes sortes de bon.

Ou bien ils chantent :

O grand St-Nicolas,
Patron des écoliers !
Apportez moi des prunes
Pour mettre dans mon panier.
Je serai toujours sage
Comme un petit mouton,
Je dirai mes prières
Pour avoir des bonbons.
Sur l'air du tra la la la...

La veille de la St-Nicolas les enfants déposent avant de se coucher, un *panier*, une *forme à pain*, etc. devant la cheminée, ou dans tout autre endroit. Ils ont soin d'y placer de l'avoine, des légumes pour le baudet de St-Nicolas. Le matin leur premier soin est de courir à leur panier et de s'extasier devant les dons du Saint.

Les Innocents (28 Décembre). Les enfants enferment leurs parents ou leurs instituteurs, les domestiques leurs maîtres, et ne leur rendent la liberté qu'après avoir reçu la promesse formelle d'une récompense, d'un congé ou d'un régal.

Chapitre VI.

COUTUMES DIVERSES.

Naissance. Les petites filles naissent *sous les choux* les garçons sous les *cabuts* (choux rouges) *du curé* (1).

Il n'est pas bon de *montrer* avant le baptême les *nouveaux-nés à des personnes étrangères*, de crainte de maléfices.

On *allume un cierge* béni au moment de la naissance.

Le mari doit recevoir le *premier* l'enfant dans ses bras.

(1) En Alsace, en Hollande et en Allemagne c'est la cigogne qui apporte les nouveaux-nés.

L'enfant, *né coiffé* (1), est doué d'un pouvoir surna-turel. Si c'est une fille elle sera *sorcière*, si c'est un garçon il fera *tourner la baguette* (2).

Il ne faut pas *préparer le berceau avant la naissance*, cela porte malheur (3).

Le dernier né d'une famille se nomme *lè r' culot*.

Il faut toujours vous faire accompagner lorsque vous allez quérir l'accoucheuse ou le chirurgien qui doit procéder à l'accouchement, sinon l'esprit malin vous jouerait force mauvais tours. Il vous ferait par exemple arriver tardivement chez l'accoucheuse et ce retard pourrait occasionner la mort de l'enfant. Celui-ci, mourant sans baptême, deviendrait la proie de Satan.

Baptême. Quand l'enfant pleure pendant le baptême, on dit qu'il aura un mauvais caractère.

On croit que le caractère du filleul ressemble à celui de son parrain.

En se rendant à l'église pour le baptême, la per-

---

(1) La coiffe du nouveau-né, lorsqu'elle se détache, est collée sur une feuille de papier. C'est un talisman précieux qu'on coud dans la doublure du jeune homme qui va tirer au sort (conscription).

(2) On fait *tourner la baguette* lorsqu'on veut retrouver le corps d'un noyé, découvrir un trésor, etc., etc.

(3) Cette croyance est également très répandue à Anvers.

sonne qui porte l'enfant précède le parrain et la marraine. Au retour elle doit au contraire les suivre.

Après le baptême, pendant le trajet de l'église à la maison, les parrain et marraine jettent des *sans* (pièces de 2 centimes), ou des bonbons de sucre aux enfants. Ceux-ci crient lorsqu'on néglige cette coutume : *Pelé parrain ! pelée marraine !*

Les parrain et marraine distribuent aussi des pièces de 2 centimes aux invités. Ces pièces sont ordinairement percées d'un petit trou par lequel on introduit un ruban de couleur. On les conserve précieusement, car *elles portent bonheur.* Les invités reçoivent en outre des petits pois ou bonbons de sucre.

Il ne faut pas baptiser un enfant un jour dans le nom duquel entre la *lettre R.* Les Mardis, Mercredis et Vendredis sont de mauvais jours pour un baptême, tandis que les Lundis, Jeudis et Samedis sont les jours choisis pour cette cérémonie.

Une femme *enceinte* ne peut *être marraine.*

Le premier né *doit porter le nom du père ou de la mère,* suivant son sexe.

Un enfant, qui *pleure* beaucoup dans sa jeunesse, devient *beau* en grandissant.

Il ne faut pas couper les ongles des nouveaux-nés

avec *des ciseaux*, on doit les lui mordre ou les enlever *avec les doigts*.

Ne chatouillez pas un enfant, car en le chatouillant vous provoquerez souvent le bégayement.

La mère, pour faire tarir son lait, emploie différents moyens :

Elle s'applique du cerfeuil cuit sous les bras ou un cataplasme de farine de lin imbibé de vinaigre sous les aisselles ; de l'argile ou de l'étoupe trempée dans du vinaigre aux mêmes endroits, oubien enfin elle *dirige un jet de lait sur la figure de l'enfant*.

On recommande de ne passer, *ni la main, ni la jambe au dessus de la tête des jeunes enfants*. Il ne faut pas non plus les *mesurer*, les *peser*, ou les faire *passer sous les tables*.

Relevailles (1) (ralé à mess'). A la cérémonie des

« (1) Il subsiste encore l'usage à Tournai, que le mari
» va prévenir et demander l'heure et le jour propice au curé
» de la paroisse, pour la purification de son épouse, qu'on
» appelle : *relevailles de couches.* »
» Le curé y dit ordinairement la messe et souvent y communie le femme relevée, qui présente une chandelle à l'offrande et un écu ou pièce d'or, selon sa volonté et ses moyens.
» La femme est accompagnée de sa garde-couche et de son
» enfant que le célébrant bénit. » (HOVERLANT DE BEAUWELAERE. Essai chron. sur l'histoire de Tournai, tom. 21, p, 140).

relevailles la mère doit *recevoir l'eau bénite de la main de la sage femme*, elle ne peut la prendre elle-même.

Mariage. Les jours les plus favorables à la célébration des mariages sont le *Mardi*, le *Jeudi* et le *Samedi*.

S'il pleut le jour des noces, on dit des époux qu'ils ont *mindgi l'soup' à l'marmite* (mangé la soupe à la marmite).

Sur le passage du cortège nuptial les pauvres gens jonchent la route de sable et de fleurs et présentent des bouquets de fleurs aux mariés. Ceux-ci, ainsi que les gens de la noce, récompensent cette gracieuse attention par quelques sous. Ce sont les cabaretiers surtout qui, dans un but intéressé, font les plus belles *jonchées*.

Lorsque *deux frères* épousent *deux sœurs*, l'une des deux unions *doit être brisée* pour que l'autre prospère.

La première nuit de noces, *celui qui entre le premier* au lit, *mourra le premier*.

On dit d'une jeune fille, qui se marie avant sa sœur aînée, qu'elle *fé dinsé s'cheur sur l'cu dou four !* (fait danser sa sœur sur le cul du four).

Si deux époux, ayant une petite fille, désirent un fils, on leur donne le conseil de changer *de place dans le lit* ou de *déplacer le chevet*.

On recommande aux femmes enceintes d'éviter de

regarder les animaux ou les objets dont elles pourraient s'effrayer, car l'enfant *naîtrait contrefait*.

On croit que l'empreinte du dernier objet désiré par une femme enceinte se reproduit sur le corps de l'enfant, à un endroit correspondant à celui où la mère s'est touchée elle-même, au moment du désir.

Une mère prévoyante porte la main sur une partie cachée de son corps dès que le moindre désir l'anime, de cette façon l'empreinte reproduite sur le corps de l'enfant ne sera pas visible.

On offre à l'accouchée des *grains d'anis et du sucre*.

La femme en couches ne doit ni se peigner, (1) ni changer de vêtements, ni se laver avec du savon.

Si une femme accouche d'un garçon pendant la période de croissance de la lune, elle accouchera la prochaine fois d'une fille : nouvelle lune, nouveau fruit.

Si pendant le décours de la lune elle met un enfant au monde, elle aura un enfant du même sexe à ses prochaines couches : vieille lune, vieux fruit.

Avant le mariage. Lorsqu'une jeune fille fait *croquer* les articulations de ses doigts, on dit qu'elle a autant d'amoureux que le bruit se répète de fois.

---

(1) Coutume suivie à Anvers également.

Comme les fleurs, les menstrues ont leur langage. La jeune fille, qui voit ce désagrément se produire le Lundi, recevra bientôt une déclaration brûlante. Pour les jours suivants: le *Mardi*, c'est un cadeau; le *Mercredi*, inquiétude; *Jeudi*, fidélité de celui qu'on aime ; *Vendredi*, peine ; *Samedi*, joie; *Dimanche*, connaissance nouvelle.

Celle qui aperçoit par hasard trois lampes allumées dans la même chambre, qui boit le fond de la café‑tière ou de la bouteille se mariera dans l'année.

La jeune fille qui met son *bonnet de travers* et celle qui *place son mouchoir (de cou) ou son châle négligemment*, c'est-à-dire en ne prenant pas soin que la pointe du mouchoir corresponde au milieu du dos, épouseront *des veufs*.

Celle dont la robe traîne une ronce à sa suite, et celle qui perd son tablier ou ses jarretières, seront délaissées par leurs amoureux.

La jeune fille qui mouille plus que de mesure son tablier, épousera un *ivrogne*.

La jeune fille qui *compte cent chevaux blancs* épousera le premier jeune homme qui lui donnera la main.

Resteront sept ans sans se marier, ceux ou celles qui se sont trouvés dans les conditions suivantes : être assis devant le pied de la table; entamer une livre de beurre ; être contraint d'éviter un balai placé sur son chemin ; placer sur le feu et faire bouillir une seconde fois l'eau dans laquelle on a lavé la vaisselle.

Pour se marier rapidement la jeune fille doit implorer Notre-Dame de Hal ou St-Joseph ; ou bien encore se confesser et communier le premier Vendredi de chaque mois durant une période de 9 mois. Si elle désire apercevoir en rêve son futur mari, elle doit dire en se couchant :

Je monte sur mon gentil petit bois.
Je me couche sur mon côté droit.
Je prie St-Pierre et St-Paul de me faire voir en dormant
Celui avec qui je serai en mon vivant.

ou bien :

Lune, beau croissant !
Faites moi voir, en dormant,
Celui que j'aurai pour époux en mon temps,
Et qu'il tienne dans sa main
l'outil dont il se servira pour gagner son pain.

Les jeunes filles ont coutume de compter pendant *neuf soirées* consécutives *sept étoiles*, qu'elles choisissent dans le ciel. Il arrive que ces étoiles demeurent invisibles certain jour, il faut alors recommencer l'opération le lendemain jusqu'à ce que la neuvaine ne compte plus aucune interruption. Alors elles sont assurées que le premier jeune homme qui leur tendra la main sera le mari désiré.

La jeune fille dont les mains sont froides aime ardemment : Mains froides, chaudes amours.

La fille-mère, délaissée par son amant marié à une autre, peut à son gré faire mourir l'infidèle ou sa femme, en se confessant et en communiant pendant *neuf Vendredis* consécutifs.

Les amoureux ne doivent pas s'offrir des épingles ou des aiguilles, qui *piquent l'alliance,* non plus que des couteaux et des canifs qui *la coupent.*

La perte d'une épingle à cheveux *indique que l'on pense à vous.*

Décès et funérailles. On a coutume de placer dans les mains de l'agonisant un cierge béni.

Quand il y un décès dans une maison, il faut faire porter le deuil aux animaux qui ont appartenu au défunt. On entoure le cou du chat d'un crêpe, la cage du serin et la ruche des abeilles sont enveloppées d'étoffe noire, à défaut de crêpe.

Dans les mêmes circonstances on *arrête les horloges,* on *recouvre les glaces d'un voile noir,* ainsi que les portraits, tableaux et cadres vitrés.

Il faut placer dans la chambre occupée par

un agonisant un vase rempli d'eau, pour que l'âme en se séparant du corps *puisse se purifier dans l'eau.*

Lorsqu'on va prier devant la dépouille mortelle d'une personne, *on doit la toucher.*

On ensevelit ordinairement le mort avec ses meilleurs vêtements, après l'avoir au préalable bien lavé.

Le corps demeure exposé à la vue de tous ; un cierge brûle dans la chambre mortuaire et un crucifix repose sur la poitrine du défunt.

Lorsqu'un mort passe la journée du *Dimanche à la maison mortuaire*, ou lorsque le corps ne se *raidit* pas, on peut être assuré qu'il y aura avant six semaines un nouveau décès dans la famille.

Dés qu'une personne *entre en agonie, neuf* de ses amis ou connaissances se rendent à la chapelle de Notre Dame des Sept Douleurs, située non loin du village de Godarville, et prient pour le mourant.

On *allume un cierge béni* dans la chambre de l'agonisant.

Quelquefois dans une conversation, il arrive qu'on exprime *ensemble* et en *même temps* une *même idée*, on dit alors que les personnes, qui ont eu cette même idée, *mourront le même jour.*

La veuve n'assiste pas aux funérailles de son mari (1).

Quand la paillasse du défunt se compose de paille, on *la brûle* après l'enterrement.

Le décédé doit être porté hors la maison les *pieds en avant*.

Les chevaux qui conduisent le corps du défunt au cimetière *transpirent toujours*.

Les chevaux du défunt *ne pourraient conduire leur maître à sa dernière demeure*, c'est pourquoi on en choisit toujours d'autres.

On *jonche de paille le chemin* que doit suivre le cortège funèbre.

(1) Les Naxiens (Naxos, la plus grande des Cyclades) avaient une coutume singulière, qui peut-être existe encore ; à la mort d'un des époux, le survivant ne sortait pas de chez lui pendant six mois, pas même pour aller à l'église, ni pour aucune affaire quelqu' importante qu'elle put être.

— Anciennement à l'hôpital St-Jean, à Bruges, les défunts n'avaient pas de cercueil ; ils étaient simplement enveloppés de paille. Certaines religieuses avaient acquis une véritable renommée pour l'habileté qu'elles mettaient à ensevelir les défunts de la sorte. (*Société d'Émul. de Bruges*, t. 3, 4e série, p. 39).

— Le seigneur de Boussoit eut jadis, à Mons, un hôtel qui fut en partie incorporé dans le Collège de Houdain. On conserve en cette ville l'épithète de *Breyard du Comte de Boussoit*, qui s'applique à un individu se plaignant continuellement sans motif sérieux.

Quand un enterrement a lieu le *Dimanche*, il y aura un *second décès dans la localité* endéans les six semaines.

Si l'on enterre une personne un *Vendredi*, un membre de sa famille *mourra dans l'année*.

Si *treize* personnes dînent à la même table, *l'une d'elles mourra dans l'année*.

═══════

Chapitre VII.

BLASON POPULAIRE.

I. — LES PRÉNOMS.

La verve enfantine s'exerce souvent sur les prénoms

Autrefois il y avait aux funérailles des pleureurs salariés, appelés vulgairement *breyards*. Ils escortaient le cercueil du trépassé jusqu'à la fosse, étant vêtus de longs vêtements noirs et les cheveux en désordre.

Il semblerait qu'un comte de Boussoit eut à son enterrement un breyard qui remplissait ses fonctions d'une manière extraordinaire.

— Il est de tradition en Flandre que l'âme, quand elle quitte le corps, se présente sous la forme d'une *langue de feu* (*Messager des Sciences historiques*, tome 28, p, 324).

— Toutes les personnes qui avaient assisté à un enterrement, se réunirent pendant longtemps en Flandre dans un repas. Cet usage avait pris place dans les coutumes, qui mettaient la moitié des frais à charge de la veuve et l'autre moitié à charge des héritiers (RAEPSAET. *Mémoire sur l'origine des Belges*, tome I des *œuvres complètes*, p. 83).

7

des camarades, comme le prouvent les exemples suivants :

Jules. De Jules on dit :

<table>
<tr><td>Jul' Julot,</td><td>Jules, Julot,</td></tr>
<tr><td>Marchand d' chuflot.</td><td>Marchand de sifflets.</td></tr>
</table>

Jean-Baptiste. Ce nom, très répandu, nous a valu la formulette suivante :

<table>
<tr><td>Djain Batis',</td><td>Jean Baptiste,</td></tr>
<tr><td>Pin d'épis',</td><td>Pain d'épices,</td></tr>
<tr><td>Pus' ki boi,</td><td>Plus il boit,</td></tr>
<tr><td>Pus' ki piche,</td><td>Plus il pisse</td></tr>
<tr><td>Au long d' sé cuisses.</td><td>Le long de ses cuisses.</td></tr>
</table>

Caroline.

Karoline, din, din,
Trompèt à-z-alumèt.
Pou in liard vo daré sèt,
Pou in gros sou vo-z-arez tou,
Pou in fran vo-z-arè l' marchan.

—

Caroline, dine, dine,
Trompette à allumettes.
Pour un liard vous en aurez sept,
Pour dix centimes vous aurez tout,
Pour un franc vous aurez le marchand.

Charlotte. A Charlotte on dédie le couplet suivant :

<table>
<tr><td>Charlotte, bourlotte,</td><td>Charlotte, boulotte,</td></tr>
<tr><td>Chantez, bourlottez</td><td>Chantez, *boulottez*</td></tr>
<tr><td>Dou poff é dou sé</td><td>Du poivre et du sel</td></tr>
<tr><td>Pou salé no soupé.</td><td>Pour épicer les mets de notre
[souper.</td></tr>
</table>

Pierre. Nous devons forcément passer sous silence une partie des aménités débitées à Pierre, plusieurs d'entre elles étant réellement trop réalistes.

<table>
<tr><td>Pîr, long vier,</td><td>Pierre, long ver,</td></tr>
<tr><td>Goria d' fier,</td><td>Collier de cheval de fer,</td></tr>
<tr><td>Vier moulu,</td><td>Ver moulu,</td></tr>
<tr><td>Quatte tambours</td><td>Quatre tambours</td></tr>
<tr><td>Au.....</td><td>Au.....</td></tr>
</table>

Guillaume. On fait à Guillaume l'honneur de le chansonner en ces termes :

Guÿaume, Guÿaume !
Ka n' boutey à s' ku ;
I l' cas, i l' cas, i di qui n' la pû.
Ah ! mon Dieu don !
Ké bia mouchon,
Pou mette dedin m' gaïolle !

—

Guillaume, Guillaume !
Qui a une bouteille à son derrière ;
Il la casse, il la casse, il dit qu'il ne l'a plus.
Ah ! mon Dieu donc !
Quel bel oiseau,
A mettre dans ma cage !

Sebastien. On salue Sebastien d'un couplet jadis fort en vogue :

Ah ! il a des bottes, il a des bottes Bastien ;
Il a des bottes Bastien, il a des bottes Bastien.
Ah ! il a des bottes, il a des bottes Bastien,
Il a des bottes qui lui vont bien.

2. — DÉFAUTS PHYSIQUES ET AUTRES, PROFESSIONS, ETC.

Aux enfants petits et malingres on débite le couplet
suivant :

Mon chat l'a pris pour une souris,
Mon Dieu, quel homme ! quel petit homme !
Mon chat l'a pris pour une souris,
Mon Dieu, quel homme ! Il est si petit.

Aux petites filles effrontées on dit :

Affrontée ! vo mèr è brûlée,
Vo père è pindu
Pa n' cossette de seyû.

—

Effrontée ! votre mère est brûlée,
Votre père est pendu
A une branche (évidée) de sureau.

*Aux personnes chauves ou qui portent les cheveux à la
Titus :*

Ties' pelée,	Tête pelée,
Dé l'année passée,	De l'année passée,
Ku pélé,	Cul pelé,
Dou tim passé.	Du temps passé.

Aux boiteux et bancals :

Kron, kron, pti kron,
Fète dalé vo krompe è djamp.
Kron, kron, pti kron,
Fète dalé vo kron baston.

Bancal, bancal, petit bancal,
Remuez votre jambe torse.
Bancal, bancal, petit bancal,
Remuez votre bâton tordu.

Aux maréchaux ferrants :

Marichau,
Boite à clô,
Vier' moulu,
Brok à s' ku.

Maréchal,
Boite à clous,
Vermoulu,
Broche à son derrière.

Aux jeunes filles :

Mamzel' fricadèl',
Vo' chemis' né ni trop belle,
Pas dri é pas d'vant,
Vos avez pissé devin.

—

Mademoiselle Fricadelle,
Votre chemise n'est pas trop belle,
Par derrière et par devant,
Vous avez pissé dedans.

3. — LES LOCALITÉS VOISINES.

Les habitants de Godarville disent en parlant de
ceux du hameau des Culots, ou des Communes
(Gouy-lez-Piéton) :

Grand pér' dou Culot
Ki ri comm' in sot
A vîr bouli sé carott'
Devin s' pot

Grand'père du Culot,
Qui rit comme un fou,
En voyant ses carottes bouillir
Dans le pot

Ou bien encore :

Lé dgin dél Commèn

On mô leu bouden,
A force dé mindgi
De l' porée à-z-houlèn.

Les gens des Communes
(hameau des Communes)
Ont mal au ventre,
Tant ils mangent
De la soupe aux chenilles.

Les naturels des Culots prennent leur revanche en disant des gens de Godarville :

Godâr muzét,
Fayée razèt,
K' n'a ni ko s'té s'kurée
Dès 'pu l'année passée.

—

Godard musette,
Pauvre houe,
Qui n'a pas encore été nettoyée
Depuis l'an passé.

Ou :

Godarvillét
Paus à bouklét'
Fayée razet,
Qui tchante qui l'on dè boucklèt.

—

Gens de Godarvillette,
Ventres à boucles,
Pauvre houe,
Qui chantent qu'on les déboucle.

Les habitants de Nivelles sont appelés *A claus* (1)
(aux clous) ;

»	de Carnières	»	les *Rascoursis* (2)
			(les raccoursis) ;
»	d'Anderlues	»	les *Bourlettis* ;
»	de Pont-à-Celles	»	les *Djans* ;
»	de Trazegnies	»	les *Corbeaux* ;
»	d'Écaussines	»	les *Sots*.

4. — LES FLAMANDS.

On nomme *ratchon d'flamin* ou *crachot d'flamin* (crachat de flamand) une déchirure dans l'habit ou le pantalon, qui met la peau à-nu ou laisse entrevoir le linge.

L'épithète de *tête de flamand* s'applique aux gens entêtés ; celui de *visatch' dè flamin*, visage de flamand, à ceux qui ont le teint fortement coloré.

Il y a, dit-on, vingt cinq *flamins din in brin d' pourcha* (flamands dans un excrément de porc). On raconte à ce sujet la facétie suivante :

Au temps où les habitants du ciel descendaient encore sur la terre, le bon Dieu et St-Pierre, chemi-

(1) L'origine de ce sobriquet est expliquée dans l'*Histoire et la Géographie des communes belges* par Tarlier et Wauters, Nivelles.

(2) Plusieurs habitants de Carnières pèrirent sur l'échafaud.

nant certain jour sur notre planète, échangeaient leurs pensées.

Tout à coup Dieu, s'arrêtant devant un excrément de porc, demanda à St-Pierre ce qu'il manquait encore sur terre. St-Pierre répondit qu'il n'existait pas de flamands.

« Ils sont créés », dit Dieu, en donnant un violent coup de pied à l'excrément.

Aussitôt l'on vit apparaître vingt-cinq gros flamands, à la figure rougeaude. Telle est l'origine des flamands.

On rapporte qu'un curé de Gilly tint un jour ce langage à ses paroissiens : Lundi, Mardi et Mercredi, je *confesserai les gens* et les autres jours de la semaine les *flamands*.

Chapitre VIII.

LA VIE COURANTE.

La famille. Le chef de la famille est appelé par ses domestiques, *nos més* (notre maître) ou *sinsi,* censier ; sa femme, *nos dame* (notre dame) ou *sinsière* (censière). Les qualifications de *sinsi* et *sinsière* sont généralement employées par toutes les personnes qui ont des rapports avec les fermiers.

Les enfants avant de se coucher et en se levant demandent la bénédiction à leurs parents en ces termes :

Benich' poupa ! benich mouman ! Bénissez-moi papa ! bénissez-moi maman !

Les domestiques. On engage généralement les domestiques à la Toussaint (1), pour le terme d'une année.

Les domestiques qui renouvelent leur contrat le jour de la Toussaint, reçoivent les étrennes destinées à ceux qui quittent la maison.

En engageant une servante on lui donne un *doné à Dieu*, denier à Dieu.

Un domestique engagé au mois voit son contrat renouvelé, si l'on ne lui donne pas congé 15 jours avant l'expiration de son terme. Celui qui abandonne son service 15 jours avant l'expiration de son engagement ne peut réclamer aucun salaire à son maître.

Repas et aliments. Pain. Lorsqu'on prépare le levain (2), la veille de la cuisson du pain, on a coutume d'y tracer une *croix avec le doigt.*

Le lendemain *avant de pétrir* le pain on fait le signe de la croix, puis on verse de l'eau bénite dans la pâte.

(1) Le jour de la Toussaint, après la messe, l'engagement des domestiques cesse de plein droit.
(2) C'est le levain de bière qu'on emploie généralement.

Les campagnards mangent fréquemment comme nous l'allons voir :

A 6 h. du matin a lieu le *djinné*, déjeuner.

à 9 h. du matin le *deuzièm'djinné*, second déjeuner.

à 12 h. du matin le *dinné*, le diner.

à 4 h. du soir l'*ersiné*, le goûter.

à 7 h. du soir l' *soupé*, le souper.

Avant de découper le pain on fait le signe de la croix avec le couteau sur la face inférieure (la face qui repose sur la table) du pain.

On ne doit jamais déposer le pain sur la table du côté qui n'est généralement pas exposé à la vue. Lorsque par mégarde le pain a été disposé de cette façon, on dit : *Mèté l'pin kom-i-fô, el diale dins' dessus* (Mettez le pain comme il faut, le diable danse dessus). Le pain ainsi placé est un présage de malheur.

Enfoncer la pointe d'un couteau dans le pain, c'est *faire pleurer la Vierge*.

Viande. La viande de cheval donne des clous à ceux qui en mangent.

Sel. Renverser la salière sur la table est l'indice d'une querelle prochaine.

Ventes (1). Un commerçant, qui ouvre un magasin,

_____

(1) Anciennement à *Virton* (Luxemb.) il était d'usage de

tient à avoir comme *première cliente* une personne ayant une *bonne main*.

En échange d'un objet qu'on vous offre, vous devez faire un cadeau, fut-il de la plus minime importance. Ainsi il est d'usage de donner une *pièce d'un centime* ou *une épingle*, lorsqu'on va chercher du petit lait (sûr) à la ferme.

On se *tape dans la main* pour conclure un marché. Lorsqu'on vend un animal on a coutume de gratifier d'un pourboire le domestique qui le soignait. On dit PAR EXEMPLE : je vous donne *5 francs de queue de cheval, 0.50 de queue de cochon* ou *3 francs de queue de vâche.*

casser une buchette en deux lors de la conclusion d'un marché ; le vendeur gardait le plus grand morceau.

A Liège *Beure li lohet* (boire la mesure) signifie boire ensemble après la conclusion d'un marché en *signe de ratification.*

Dans les ventes publiques d'immeubles, aux environs de cette ville, le notaire fixe, d'après l'importance du lot à adjuger, le nombre de bouteilles que l'acquéreur devra payer comme *lohet.*

Les campagnards parlent beaucoup avant de conclure un marché ; l'affaire n'est conclue que lorsqu'ils se sont tapés dans la main : *Topé là, disent ils, et l'affaire est faite.* (Liège).

A l'époque de la révolution française les biens des communautés religieuses furent déclarés *biens nationaux* et mis en vente. Nos paysans flamands se gardèrent bien d'acquérir les *biens noirs* (c'est ainsi qu'ils les appelaient), car *ils portaient malheur à ceux qui les achetaient.*

On fait *entrer à reculons* dans l'étable ou la porcherie la vache ou le porc qu'on vient d'acheter, afin *d'éloigner les sorts.*

Objets perdus. Avant de ramasser un objet perdu, il faut faire le signe de la croix afin de conjurer le sort.

Lorsqu'un enfant découvre un objet appartenant à l'un de ses camarades, il s'empresse de le cacher, puis il s'écrie : *Quis ska pierdû ?* Qui a perdu ?

Ses camarades à cette question fouillent leurs poches et si aucun d'eux ne peut désigner la nature de l'objet perdu, celui-ci reste la propriété de qui l'a trouvé.

Quelquefois celui qui possède un objet perdu chante le refrain populaire : *Ma clef, ma clef, j'ai perdu ma clef,* etc.

C'est une invitation à le lui réclamer.

Les songes. Rêver de morts ou de mourants, est l'indice d'une longue prolongation de l'existence. (1)

Rêver qu'on perd une dent, c'est la mort prochaine d'un parent.

Rêver qu'on est tourmenté par les poux, c'est signe de chance en affaires.

(1) Rêver des morts, c'est signe qu'on entendra parler des vivants. (Anvers).

Voir en rêve de belles fleurs répandant un parfum délicieux, signe de deuil.

Rêver qu'on mange des saucisses, c'est l'assurance d'un repas joyeux.

Rêver de fiançailles, signe de décès dans la famille.

Manger des fruits en rêve, signe de joie.

Serments (1) *et imprécations diverses.* Lorsqu'un enfant veut affirmer quelque chose avec force, il porte l'index et le medius à la bouche, humecte ces doigts de salive, les lève en prononçant ces mots : *Deux doigts damnés, si je ne dis pas la vérité.*

Le campagnard adulte possède un choix très varié de formules d'imprécations. En voici quelques unes :

— Ké tchei tout rèd moûr !
Que je tombe raide mort !

— Ké d' fuch damné tou noîr !
Que je sois damné tout noir !

— Ké m' ver m'impoisonne !
Que mon verre m'empoisonne !

— Bi ès damné à tous les dial.
(Je veux) bien être damné à tous les diables.

(1) Le paysan des Ardennes françaises jure en ces termes : Petit Dieu! grand Dieu! tout droit en enfer si je ne dis pas la vérité.

— Ké l'bon Dieu m' fes aveûl dé mé deu zî !
Que le bon Dieu me fasse aveugle de mes deux yeux !

— Ké l' dîal mé stran !
Que le diable m'étrangle !

— Ké d' kour inradgî à sin t' Hubert !
Que je courre, enragé, à St-Hubert !

— Ké d' voï à pî de skô à Hal !
Que j'aille, pieds-nus, à Hal !

— Djé donn' em nâme au dîal !
Je donne mon âme au diable !

— Ké l' tonnoir m'accrâs !
Que le tonnerre m'écrase !

Tirage au sort (conscription). Pour obtenir un bon numéro au tirage au sort, on recommande d'employer les moyens suivants :

Relever la manche gauche de sa chemise jusqu'à l'épaule et prendre le numéro *de la main gauche.*

Avoir dans sa poche, ou cousu dans la doublure de son habit, un morceau de la coiffe d'un nouveau-né (toilette). Cette membranne doit avoir été placée en ces endroits à *l'insu* du conscrit.

Porter sur soi un morceau de corde de pendu.

Ne porter sur soi aucun objet de métal, montre, chaine, boutons, souliers à clous, etc.

Implorer N. D. de Hal.

Porter sur soi un clou fabriqué à minuit, le jour de la Noël. (Voyez Noël).

Les cabarets (1). Les cabarets, qui ne portent pas d'enseignes, se reconnaissent aisément au rameau de buis ou de houx surmontant la porte d'entrée.

Faire des chapelles signifie visiter les cabarets. Il est de règle d'offrir l'étrenne du verre à la femme qui vous sert. Elle boit une gorgée et la politesse est faite.

(1) Les cabarets sont aussi appelés *estaminets*. Ce dernier mot vient de *Estamento*, assemblée, C'est un souvenir de la domination espagnole en Belgique.

Le nom de la bière, si chère aux Bruxellois, dérive également du mot castillan *Farro*, liqueur d'orge. Cependant certains auteurs croient que *farau, faraud*, vieux mot employé jadis pour désigner un homme qui sentait son brâve, pourrait bien avoir donné son nom à la bière : *bière des farauds*, d'où *Faro*.

Le *Peeterman* de Louvain, c'est la bière des hommes privilégiés de St-Pierre.

Il y a quelque quarante ans, on débitait dans certains *estaminets* de Bruxelles une bière dans laquelle on faisait infuser de l'absinthe.

Ducange dans ses *Consuetudines Floriacenses* cite plusieurs monastères d'Allemagne, où il est d'usage de mêler dans le vin des aromates, du gingembre, des racines, avec du miel et du sucre (Maitrank, boisson de mai), et il désigne même la Belgique, où une boisson analogue est encore en usage.

D'après le même auteur, il existait autrefois un remède préventif, composé de miel et d'absinthe, remède qu'on donnait

Chapitre IX.

ÊTRES FANTASTIQUES.

ESPRITS, DAMES BLANCHES, REVENANTS, FEUX-FOLLETS, LUTINS, ETC.

Dans les eaux (1). On recommande aux enfants de ne pas jouer au bord des étangs et des rivières, parce que *l'homme au crochet les attirerait au fond de l'eau.*

N' d'allez nie d' lé les iaux, leur dit-on, *y a in homme avu in crochet qui vo sacra d' din.*

Les enfants ne doivent pas non plus courir, nuspieds, dans l'eau, parcequ'on rencontre dans la vase des rivières des *traw's pies*, des animaux qui trouent les pieds.

Apparitions nocturnes. Au lieu dit *Setch pachie*

aux moines à certaines époques de l'année, et dans certaines intensions.

L'hydromel de Namur eut son heure de célébrité puisqu'il en est fait mention au vers 26, 798 de Godefroid de Bouillon (coll. de chron. belges inédites) :

> Il y a en ces pays et en ces régions (Palestine)
> De mousques à foison, qui sont en leur maison,
> C'on nomme vaissiaus d'ès, bien parler en savons :
> On en brasse en Namur le boire as compagnons.

(J. Borgnet, *Promenades dans Namur*, I, 297, notes).

(1) Ne regardez *pas l'eau trop longtemps*, dit on dans d'autres localités du Hainaut, parce *qu'elle attire.*

(prairie sèche), un *mouton blanc* apparaissait toutes les nuits.

Il n'y a pas bien longtemps qu'une *dame blanche* parcourait nuitamment les endroits écartés et déserts de la commune.

La nuit on aperçoit fréquemment des *lumrottes*, petites lumières qui voltigent au dessus du sol, aux abords des marais. Ce sont des *esprits malfaisants* qui cherchent à attirer l'homme dans les précipices.

Pour déjouer les ruses de la *lumrotte*, voici le moyen qu'on emploie. Dès que vous l'apercevez, couchez-vous à plat ventre, la face contre terre ; elle viendra voltiger au-dessus de votre corps et disparaitra presque aussitôt sans vous avoir causé le moindre mal.

Selon les campagnards de la Flandre Orientale (canton de Gand), les *feux follets* sont les âmes errantes de ceux qui, ayant enterré leur argent, sont morts avant d'avoir pu revêler l'endroit où ils l'avaient enfoui ; ils ne seront délivrés de leur long pélérinage que le jour où l'on aura déterré leur trésor. (*Messager des sciences hist.* t. 28 p, 324).

L'imagination populaire conçoit les *revenants* qui hantent certaines maisons sous la forme de squelettes, chargés de chaines et dissimulés aux regards des vivants par d'énormes draps blancs.

8

Lorsqu'un revenant (*r' veno*) fait son apparition dans une maison, on dit que c'est l'âme de l'ancien occupant qui vient réclamer les prières des vivants (1).

Autrefois on évidait de grosses betteraves dans lesquelles on pratiquait trois trous, simulant les deux yeux et la bouche d'une personne. On complétait encore l'illusion en garnissant la bouche de *petites broches de bois*, en guise de dents.

Le soir venu, une chandelle allumée était placée à l'intérieur de la betterave qu'on suspendait à un buisson. C'était un épouvantail pour les lourdauds.

De nos jours lorsque les enfants veulent sortir le soir, les parents, faisant allusion à cette ancienne coutume, leur disent : *N' dallez nie à luch, Grand' mère à roud'je dins vo zara.* (*N'allez pas à la porte, car grand'mère aux dents rouges vous prendrait*).

———

(1) Au mois de juillet dernier un *Spuek* ou *Spuk* (revenant), par ses appparitions nocturnes, effraya les habitants de la rue de Bavière, à Bruxelles. C'était, disaient les commères du voisinage, l'âme de la locataire principale d'un immeuble de la rue qui venait reprocher certaines choses à son trop volage époux. (*Etoile belge* du 31 juillet 1892).

Chapitre X.

LES TRÉSORS.

On dit des personnes, *nées le Vendredi saint*, qu'elles ont le pouvoir de *faire tourner la baguette* (1) et de découvrir ainsi les trésors cachés.

Il y a quelque trente ans les habitants de Godarville se rendaient nuitamment à l'abbaye d'Aulne ou d'Alne, près de Thuin, dans le but de rechercher un trésor enfoui dans les ruines de l'abbaye. Ces recherches, qui durèrent cinq ans, restèrent stériles, comme bien on pense.

— Le « *Castia* », ancien château van der Beeke, aujourd'hui converti en ferme, fut en 1879 exploré durant l'hiver par les habitants du village, qui prétendaient y découvrir un trésor.

Ces recherches se faisaient la nuit, dans le plus grand silence. Pour la réussite de leurs projets les explorateurs organisèrent certaine nuit une procession autour du village ; ils récitaient des prières et faisaient trois pas en avant et deux en arrière, à la façon des pélerins d'Echternach.

(1) Baguette divinatoire (baguette magique à Florenville, Lnx). A Fayt-lez-Seneffe, ce sont les enfants *nés le jour la de Noël* qui ont ce pouvoir.

S'il faut s'en rapporter aux crédules habitants de Godarville, l'ancien propriétaire du château, le général van der Beeke, tué à la guerre, aurait enfoui dans son jardin, avant son départ pour l'armée, un trésor d'une valeur de 608 kilog. d'or, en *pièces triangulaires*. Sa femme, morte en couches, se serait *réincarnée* et vivrait parmi nous ; ce serait elle, qui, désireuse de se remarier et de rentrer en possession du trésor, présidait aux fouilles.

Une nuit un farceur, voulant s'amuser aux dépens des travailleurs, attacha une sonnette au cou d'un pigeon et plaça le volatile à un endroit que les fouilles devaient atteindre et.... attendit.

Le soir venu, le travail avait repris avec plus d'ardeur que jamais, lorsque tout à coup une colombe s'éleva dans les airs avec un grand bruit de sonnette. Nos paysans, un instant saisis de terreur, se rassurèrent bientôt et se remirent avec acharnement à la besogne, car il n'en faillait plus douter la colombe était l'âme du général, qui venait leur indiquer l'emplacement du trésor.

— Si vous êtes désireux de posséder un trésor, prenez *une poule noire* — et rendez vous à minuit au *carrefour des quatre chemins*. Là, un homme apparaîtra bientôt, et en échange de votre poule, il vous accordera tout ce que vous lui demanderez, fut-ce même un trésor. Ce grand dispensateur de biens n'est autre que messire Satan. (Voy. Art. *Sorcellerie*).

Chapitre XI.

LES JEUX.

A. — JEUX DE FILLETTES.

Saut à la corde. En sautant à la corde les fillettes chantent :

1.

C'est la reine d'Angleterre
Qui est tombée par terre,
En dansant la polka
Au bal de l'Opéra.

2.

Napoléon Premier
Voulut la relever ;
Son pantalon craqua
Et sa chemise passa.

3.

Tout le monde s'écria :
« Allo vir es'pania ;
» Èl princes Victoria
» En' dèmante ka vîr soula »

« Allons voir son pan de chemise ; »
« La princesse Victoria »
« Ne demande qu'à voir cela. »

Pendant que la corde tourne avec rapidité, celle qui s'apprête à sauter, chante :

Bateau, batelier,
Mes sabots sont tout cassés.
Dans la rue des Chevaliers, n° 29.

Elle doit alors exécuter autant de sauts que l'indique le numéro qu'elle a choisi.

Quelquefois la sauteuse doit prononcer dans l'ordre indiqué l'un des mots suivants : *Sé* (sel), *poiv'* (poivre), *tambour*, *vinék* (vinaigre), chaque fois que la corde passe sous son pied. Au mot *vinaigre* la corde ayant acquis sa plus grande vitesse, il arrive fréquemment que la fillette soit en défaut, dans ce cas elle prend la corde jusqu'à ce que son tour arrive à nouveau.

Danse en rond. Les petites filles, se tenant par la main, dansent en rond et chantent quelques couplets qui se terminent brusquement par un mot convenu. A ce signal toutes les danseuses s'accroupissent.

Ron-ron, Macaron,
Dé carott' é dè ougnons.
Achir !

Ron-ron Macaron,
Des carottes et des oignons.
Assis ! (Il faut alors s'accroupir).

Quelquefois au centre du cercle formé par les danseuses se trouve une petite fille qui, les yeux fermés, doit saisir et s'efforcer de maintenir entre ses bras une de ses compagnes. Si elle y parvient la prisonnière prend sa place dans le cercle.

On chante pendant cette ronde le couplet qui suit :

Nous n'irons plus au bois,
Les lauriers sont tous coupés.
C'est la fille du Roi
Qui les a fait couper.
Mademoiselle ! entrez dans la danse,
Faites la révérence.
Dansez, sautez, embrassez qui vous aimez.

Bonjour Mme Hénor! Les petites filles se rangent sur deux lignes parallèles, qui se font face ; la première ligne représente Mme Hénor et ses filles, les prétendants à la main des demoiselles Hénor forment la seconde ligne. Au début du jeu, les prétendants s'avancent en chantant :

Bonjour, bonjour, Mme Hénor !
N'avez-vous pas une fille en or ?

C'est an tour de Mme Hénor et de ses filles de faire un pas en avant et de dire :

> En or, en or ou en argent,
> Ni pour cent francs, ni pour cent mille,
> Ni Roi, ni prince, n'aura ma fille.
> Qu'avez vous donc à lui donner ?

Le dialogue continue ensuite ainsi :

Les Prétendants :

> Une chaîne en or, c'est bien assez.

Mme Hénor et ses filles :

> Allez vous promener.
> Prenez celle que vous voulez.

Les Prétendants :

> *Avec* Mademoiselle Louisa j'ai assez,
> Hé, Hé, sur la Haie.

Les deux lignes (Mme Henor, ses filles et les prétendants) s'avancent alors l'une vers l'autre, en chantant :

> Nous irons promener sur l'herbe,
> Girlotin, Girlotin !
> Nous irons promener sur l'herbe
> Trois foîs la fille du Roi.
> A qu'elle heure *elle reviendra ?*
> Girlotin, Girlotin !
> A quelle heure *elle reviendra ?*
> Trois fois la fille du Roi.
> A trois heures après-midi.
> Girlotin, Girlotin !
> A trois heure après-midi,
> Trois fois la fille du roi...

La chanson continue ensuite de la même façon.

B. — JEUX DE GARÇONS.

Le rat et la souris. Les joueurs, éloignés les uns des autres de la distance d'un pas, se donnent la main, et forment un cercle. Deux d'entre eux se placent à l'extérieur du cercle, aux deux extrêmités d'un diamètre ; on les nomme le *rat* et la *souris*.

Le *rat* dit à la *souris* : *Bondjou p'tite sori !* (Bonjour petite souris).

Celle-ci répond : *Bondjou gros rat.*

Le *rat* : *Avé fé dès auf ?* (Avez-vous fait des gaufres ?)

La *souris* : *Wäye* (Oui).

Le *rat* : *M' davè wardé i-eune ?* (M'en avez-vous conservé une ?)

La *souris* : *Non.*

Le *rat* : *Kan d'jvo-z-aré djè vo turé.* (Quand je vous aurai, je vous tuerai).

En prononçant ces mots, le rat s'élance à la poursuite de la souris, qui tourne autour du cercle en décrivant toutefois de nombreux méandres sous les bras des joueurs. Le rat doit suivre la route tracée par la souris ; s'il parvient à la saisir, un autre joueur prend la place de celle-ci. Le rat devient alors souris.

Le cheval fondu (bodè godè). Les joueurs sont partagés en deux camps.

Ceux du premier camp se placent les uns derrière les autres, à la file indienne, et courbent l'échine ; les autres sautent sur le dos de leurs camarades et s'efforcent de rester un certain temps dans cette position sans être désarçonnés.

Le saut de mouton (sô d' bedo) ou jeu de l'*éperon* (dè spouron). On dispose les joueurs les uns derrière les autres et face dans une même direction. Ils prennent ensuite une certaine distance entre eux, et s'inclinent. Ces dispositions prises, le dernier de la file saute au-dessus de tous ses camarades, en les éperonnant de la botte au passage ; lorsqu'il a épuisé cette série de sauts, il se place dans la même position que les autres joueurs, en tête de la file. Celui qui le précédait au début dans la file, agit de la même façon et ainsi de suite.

La busquette (petit morceau de bois ou de paille). On pratique autant de petits trous dans le sol qu'il y a de joueurs. Ces trous, espacés de dix centimètres environ, étant pris comme centre, on décrit des cercles d'un certain rayon, dans lesquels les joueurs doivent poser le pied.

Le jeu consiste à jeter une balle dans l'un des trous. Celui qui reçoit la balle dans la fossette qu'il a choisie, s'en saisit rapidement et la lance sur les joueurs, qui ne sont plus tenus dès lors à rester en place.

On reçoit une *buchette* si au bout de *trois fois* on ne parvient pas à lancer la balle dans l'un des trous, ou si l'on est assez maladroit pour ne pas atteindre les joueurs qui fuient. Les buchettes se placent dans la fossette du joueur.

Le joueur qui a été atteint par la balle doit la ramasser vivement et la lancer à son tour sur l'un de ses camarades, sans cependant quitter la place qu'il occupe trouve.

Lorsqu'un des joueurs se trouve à la tête de cinq buchettes, il doit *passer les piques*, supplice qui consiste à recevoir, dans la partie la plus charnue du corps, la balle lancée à tour de bras et à trois reprises différentes par chacun des participants. Celui qui n'atteindrait pas le patient au bout de trois fois, prendrait sa place.

Jeu de d'vinailles (du devin). Tous les joueurs sont assis sur un rang, au pied d'un mur, excepté le *d'vineu* et le directeur du jeu. Celui-ci, passant devant les joueurs, fait le simulacre de remettre à chacun d'eux un objet, tandis qu'il ne le donne en réalité qu'à l'un d'eux.

En se promenant devant le rang, le directeur dit :

Enn' donè ni vo part,   Ne donnez votre part,
Ni au tchi, ni au tchat.   Ni au chien, ni au chat.

C'est ensuite le tour du *d'vineu* qui doit deviner quel est le possesseur de l'objet ; s'il devine exactement il prend la place de celui qu'il a désigné.

Le théâtre des doigts. Trois personnes par exemple se réunissent, ferment leurs poings, qu'elles étagent les uns au-dessus des autres, de manière à former une pyramide des six mains.

Un quatrième personnage arrive, compte les doigts en commençant par celui placé le plus bas (un petit doigt) et dit : *mont'à skèye, mont'à skèye, pousso.* (Monte à l'échelle, monte à l'échelle, poucet).

Les autres répondent : *Monté ko pû haut* (montez plus haut encore).

Et ainsi de suite jusqu'à ce que les doigts des six mains aient été passés en revue.

Ceci terminé, le quatrième joueur, poursuivant ses opérations, dit en désignant la pyramide de poings :

Qu'y a t'il la dedans ?

On lui répond : *De l'or et de l'argent.*

Qui les a placés là ? poursuit un curieux.

Em n'onk Louis, (mon oncle Louis) lui répond-on.

Qui les retirera ? ajoute t'il encore.

Em n'onk Navia (mon oncle Navet), clament les trois joueurs.

Le jeu prend fin de la manière suivante : *Koi St. Pierre, koi St. Djan, èl si ki mouss' sè din sèra pinchî s'ko san* (Croix St. Pierre, croix St. Jean, celui qui montre ses dents sera pincé jusqu'au sang), ajoute le quatrième personnage en faisant une croix avec l'index sur le sommet de la pyramide.

Les quatre joueurs dès ce moment doivent pincer les lèvres de façon à ne pas montrer les dents ; s'il arrivait à quelqu'un d'entre eux de rire et d'exhiber ses incisives les autres lui pinceraient la peau jusqu'au sang.

C. — JEUX DIVERS.

— Deux enfants tracent sur le sol un carré et ses diagonales ; au point d'intersection de ces dernières, ils mènent des parallèles aux côtés. Chacun des joueurs, en suivant certaines règles, doit faire circuler des jetons sur les lignes ainsi tracées.

— Un enfant cache dans une de ses mains un objet quelconque, il présente ensuite les deux mains hermétiquement fermées à un de ses camarades, qui doit désigner celle qui contient l'objet. S'il devine exactement, l'objet lui appartient.

En présentant les mains à celui qui doit deviner, on dit généralement :

Bout', bout', Friqué,   Prenez, prenez, Friqué,
Ké mângn' bout ?   Quelle main prenez-vous ?

La brouette. Un polisson marche à quatre pattes, un second lui saisit les pieds qu'il soulève. C'est ce qu'on nomme faire la *brouette.*

Battre le beurre. Deux gamins se placent dos à dos, s'enlacent les bras et impriment à leur corps des mouvements semblables à celui d'une bascule.

Porter à payël (Porter à poêle à frire) Il serait assez difficile de découvrir une analogie entre une poêle à frire et cette façon de porter quelqu'un. Quoiqu'il en soit, deux enfants soutiennent et promènent, sur leurs bras croisés en forme d'x, un troisième de leurs camarades. Ils s'arrêtent fréquemment et par des mouvements brusques imprimés à leurs bras, ils font sauter leur charge assez désagréablement, s'ils ne la laissent pas tout simplement tomber à terre.

D. — AVANT DE COMMENCER LE JEU.

Il arrive qu'il faille déterminer dans un jeu le rôle le plus désagréable à remplir. On procède alors comme suit :

Un des enfants réunit ses camarades autour de lui et récite une formulette, en appuyant sur les syllabes fortes et en accolant à certains mots les noms des joueurs. Celui qui a la mauvaise chance d'entendre prononcer son nom à la suite du mot convenu doit remplir le rôle dont il s'agit.

Les formulettes suivantes sont les plus généralement employés ;

1.

Boul, Boul, qui roule tavo (à travers) *Paris* (En prononçant ces mots l'enfant agite plusieurs fois le poing au fond de sa casquette) *qui sonne une heure ;* (dès ce moment l'enfant après chaque heure désigne nominativement un des joueurs, en allant de gauche à droite), *deux heures, trois heures, quatre heures, cinq heures, six heures, sept heures, huit heures, neuf heures, dix heures, onze heures* et *douze heures* (celui qui voit son nom accolé à cette dernière heure est contraint de remplir le rôle peu envié).

2.

Al pink, masink,
del 'rok è del pink (1).
Qui fait ami, fagot va-t-en.

E. — JOUETS.

Sifflet (chuflo). Les noyaux de cerises, de prunes, d'abricots servent à la confection de sifflets.

Moulin. Les enfants choisissent un verticille fleuri du lamier blanc (blanch'-è-z-ortée) dont ils coupent les feuilles, de manière à conserver intactes deux fleurs épanouies de chaque côté de la tige.

Ils enfoncent ensuite suivant l'axe de cette tige un fil de fer ou une aiguille á tricoter, puis ils soufflent à pleins poumons sur les fleurs. Le verticille se met incontinent à tourner, comme un petit moulin.

CHAPITRE XII.

CHANSONS.

On endort les enfants en chantant les petits couplets suivants :

(1) Ces mots n'ont aucune signification.

1.

Nan-Nan-Ninette,
Racachè Barbette.
Barbette nè ni si,
El è stin voye à mess-è.
Kès' kél' rapport'ra ?
Èl rapport'ra dê nogettes.
Pou ki skè sera ?
Sera pou m'pèti Françoi.

—

Nan-nau-Ninette,
Faites venir Barbette.
Barbette n'est pas ici,
Elle est allée à la messe.
Que rapportera-t-elle ?
Elle rapportera des noisettes.
Pour qui ces noisettes ?
Ce sera pour mon petit François.

2.

Nan-Nau, no p'ti Kimberlo !
È s' mamer' è voye au bo
Ramassè dè skèl dè bo.
Pou r'tchauffé no p'ti Kimberlo !

—

Nan-nan, notre petit Kimberlo,
Sa maman est allée au bois
Ramasser des copeaux
Pour réchauffer notre petit Kimberlo.

9

3.

Nan–Nan–Ninette
Racachè Barbette.
Barbette nè ni si,
Èl ès 'tin voye au fourni.
Kès kel fé là ?
El ramass' dè pom 'pourri,
Dè poir' parée
Dé nogett 'trawée.

—

Nan-Nan Ninette,
Faites venir Barbette.
Barbette n'est pas ici,
Elle est allée au fournil.
Que fait-elle là ?
Elle ramasse des pommes gâtées,
Des poires mûres,
Des noisettes trouées.

En faisant sautiller l'enfant sur le pied, on chante :

Rim' tchitchim', Kolôr Ubin !
Em' tchevau n'va nie bie (bien),
Em' servante en'nvu nie dinsé,
Em vârlé n'el vu ni minné.

—

Rim chichime, Colard Hubin !
Mon cheval ne va pas bien,
Ma servante ne veut pas danser,
Mon domestique ne veut pas la mener (à la danse).

ou :

> Hû, hû, à dada
> Su l'cheval de son papa ;
> Il a mangé tant de blé
> Qu'il a son derrière tout pelé, tout pelé !

ou bien encore :

> Hû, hu, allé Margarin
> Su l' chevau d'es visin.
> Il a tant mindgi dè strin
> Dès' pu si djusko moulin ;
> In' a pu leyi kin p'ti festu
> Pou stichî au....

—

> Hûe, hûe, allez Margarin
> Sur le cheval du voisin.
> Il a mangé tant de paille
> Depuis ici (cet endroit) jusqu'au moulin ;
> Il n'a laissé qu'un petit fétu
> Pour ficher....

Chapitre XIII.

DEVINETTES (ADVINETTES) ET PHRASES DIFFICILES A PRONONCER.

A. — DEVINETTES.

D.   Advinez, Advino ?
Chie pie, quatt' oreie, cul su l' do ;
          Adviné m' merveie ?

—

D.   Devinez, devinez ?
Six pieds, quatre oreilles, le derrière sur le dos ;
          Devinez quelle est ma merveille ?

R. Un cavalier sur son cheval.

D.   Deux pî mèt sans pî d'su trois pî ;
          quatte pi vi è l'atrap',
deux pi cour' aprè quatte pî pou ravoû sans pi,
          pou lê r'met' d'su trois pî.

—

Deux pieds mettent sans pieds sur trois pieds,
quatre pieds viennent et se saisissent de sans pieds,
          deux pieds courent après quatre pieds
          pour s'emparer de sans pieds,
     afin de remettre celui-ci sur trois pieds.

R. Pendant qu'une femme cuit un hareng sur le gril, un chat s'empare du poisson.

Deux pieds : la femme,
trois pieds : le gril,
quatre pieds : le chat,
sans pieds : le hareng.

D. Quelle différence y a-t-il entre une jeune fille et une araignée ?

R. La jeune fille tend ses filets pour prendre les garçons et l'araignée les mouches.

D. Je suis belle et bien faite ; je suis au service des hommes, en les servant je me détruis.

R. Une chandelle.

D. Dîrî bi su qui a d' pu froû au mont' ? — Indiquez ce qu'il y a de plus froid au monde ?

R. Ce sont les genoux d'une femme et le museau d'un chien.

D. Quelle différence y a-t-il entre un juge et un gamin ?

R. Le juge fait lever la main et le gamin le pied.

D. Ron-ron, ki pin,   Rond, rond, qui pend,
Poyu ki l'attin.   Poilue qui l'attend.
Kan ronron t'chéra,   Quand rond-rond tombera,
Poyu l' attraprera.   Poilue s'en emparera.

R. Une pomme et une vache.

D. Quel est le mois pendant lequel les femmes parlent le moins ?

R. Le mois de Février.

D. Pourquoi les femmes n'aiment-elles pas le système métrique ?

R. Parce qu'on y parle trop souvent de *stère* (se taire).

D. Quel est le jour le plus haut de l'année ?

R. Le Mardi gras, parce que le lendemain il faut *descendre (des Cendres)*.

D. Quel est le moment à choisir pour jouer aux cartes ?

R. L'époque d'un rhume parce qu'alors on a toujours la *toux* (l'*a tout*).

D. Quelles sont les plus vieilles lettres de l'alphabet ?
R. A, G (agées).

D. Quelle ressemblance y a-t-il entre un menteur et une pomme cuite ?

R. Aucun des deux *n'est cru.*

B. —— PHRASES DIFFICILES A PRONONCER.

Répéter dix fois de suite, sans jamais se tromper et sans bégayer, les phrases suivantes :

Routch' lok, lok routch (rouge loque et loque rouge).

On pose fréquemment la question suivante : Dirî bi dix coups : « *l' tour doû kloki* », sin babeyi ? (Diriez-vous bien dix fois : Le tour du clocher sans bégayer ?)

Celui qui ne parvient pas à répéter dix fois cette

phrase correctement, doit donner un gage (sa montre, sa chaîne, etc.), qu'il peut racheter moyennant certaines conditions à débattre.

Chapitre XIV.

CONTES ET FACÉTIES.

Les trois Paresseux.

Quel serait bien le plus paresseux de nous trois ? disait un jeune homme à ses compagnons.

— C'est moi, répondit le premier en s'asseyant sur une borne.

— Pardon, ajouta le second, en s'étendant de tout son long sur le sol, c'est moi.

— Vous n'y êtes ni l'un ni l'autre, dit à son tour le dernier, le plus paresseux de nous trois, c'est moi, car je n'ai ni le courage de m'asseoir, ni celui de me coucher.

Le diable maréchal.

Un jour le diable proposa à certain fermier le marché suivant : Il s'engageait à faire durant l'année *tous les travaux* relevant du métier de maréchal, mais en échange le fermier devait lui livrer son âme au bout de ce temps, si les clauses du contrat avaient été bien observées.

Le terme était près d'expirer. Le fermier n'ayant plus d'ouvrage à donner au diable, allait devoir lui céder son âme.

Dans cette cruelle anxiété il se hasarda de confier sa situation à sa femme.

« Qu'à cela ne tienne, dit celle-ci ; envoyez moi le diable je lui donnerai un travail, si difficile à exécuter qu'il ne parviendra jamais à l'achever avant l'époque fixée ».

Le diable, à la demande du mari, s'en vint trouver la femme. La commère, prenant aussitôt un de ses cheveux bouclés, le tendit au maréchal infernal en lui disant :

« Vous seriez un ouvrier bien habile si vous parveniez à *redresser ceci au feu.* » Malgré l'art que déploya Satan, il lui fut impossible de redresser ce cheveu, plus il le chauffait, plus il se recroquevilait. C'est ainsi que fut sauvée l'âme du fermier.

Lé R'no èyé l'Leu.
Le Renard et le Loup.

— Lé r'no d'manda in d'joû au leu, si l'astou bon (s'il était bon) pou in 'hom ?

— Djé n'sé ni suk sé kin hom', respond l'leu, djé n'dé jamé poû vu.

— Tabour, di lè r'no, vénè avû mi au koin dou bodje, vo din monstéré in.

———

Un renard demanda un jour à un loup, s'il croyait pouvoir lutter avantageusement avec un homme ?

J'ignore ce que peut être un homme, répondit le loup, je n'en ai jamais vu.

S'il en est ainsi, reprit le renard, venez avec moi au coin du bois, je vous en montrerai un.

Sur ces mots, nos deux amis allèrent se placer au coin du bois voisin. A peine étaient ils arrivés à leur poste d'observation, qu'un vieillard vint à passer.

———

— Es'in hom' sa ? d'minda l'leu, in moustran l'gran-pèr.

— Non, respon lé r'nô, il a sté hom', méi né pu.

———

Est-ce un homme cela? demanda le loup, en montrant le vieillard.

Non, répondit son compagnon, il a été homme, mais il ne l'est plus.

Quelques instants après passe un enfant.

———

— Es' in hom ? dminda co in coup l'leu, in tindant s'patte din l'direction d'leffant.

—Non, i nè ni ko hom, mè avû l'tan i pourra iès.

Est-ce un homme? demanda à nouveau le loup, en tendant le museau dans la direction de l'enfant.

Non, il ne l'est pas encore, mais avec le temps il pourra le devenir.

—

Ces explications étaient à peine échangées qu'un beau cavalier, le pistolet au poing et l'épée au côté, débouchait du bois.

—

— Eyè s'kou ci, ès in hom', di l' leu ?
— A waye ès' kou si, cè s'tin hom.
— Tabour djé min va l'ataki.

—

— Et cette fois-ci, est-ce bien un homme? dit le loup en désignant le cavalier.
— Oh oui! pour cette fois c'est un homme.
— Dès lors, je vais l'attaquer.

—

Le loup, tenant parole, se rua aussitôt sur le cavalier. Mais celui-ci, sans se déconcerter d'une aussi brusque attaque, tira deux coups de feu sur son adversaire et le larda ensuite de coups d'épée. Le loup, regrettant un peu tardivement sa folle équipée, s'en revint tout sanglant auprès de son compagnon.

—

Kan l' leu a iei sté dè lé r'no, ili a raconté s' parad :

— Djé n' pinsou ni kin hom' astoû si méchan,
Pou komminchi i m'a sofflé deus kou din l' visatch ;

—

ki m'a r'viersi chak kou ; après i m'a r'letchi avû slank
i m'importais èn' brèch aur dé m' do.

—

Quand le loup fut près du renard, il lui raconta
son aventure en ces termes :

— Je ne pensais pas qu'un homme fut aussi méchant.
Il m'a soufflé deux fois si violemment sur le
visage que j'en ai été renversé, ensuite il m'a passé
sa langue sur le corps d'une façon tellement brutale
que chaque fois il m'enlevait un lambeau de chair
du dos.

Le Chou et la Marmite.

Certain voyageur rencontra dans une de ses péré-
grinations un chou d'une telle envergure qu'il couvrait
plus d'un hectare.

— Moi, dit quelqu'un qui l'écoutait, il m'a été
donné de voir trois cents ouvriers occupés à fabriquer
un chaudron.

— A quoi pouvait donc bien servir un pareil
chaudron ? demanda le voyageur.

— A cuire votre chou.

Le Loup, le Renard et le Baquet de crême.

In r'nô eyè in leu demeurin'-t'-inchen ; eyé pou
passé l' mauvé tin avin-té ramassé en' cuvel dè kêm !

— In d'jou lè r'nô di-t-au leu, kon l'avoû d'mandé
pou iès parin.

— I fô dalé, rèspon l' leu, sé s'tin n'affer ki n'sè
r'fus' nî.

—

Un renard et un loup, demeurant sous le même
toit, conservaient précieusement un baquet de crême,
qui devait les aider à passer l'hiver.

— Un jour le renard annonça au loup. qu'on
l'avait choisi pour être parrain.

Il faut accepter, répondit le loup, c'est une chose
qu'on ne refuse guère.

—

Lorsque le renard fut revenu du baptême, le loup
lui demanda :

— Komin, s'ké vo lavé ap'lé ?
— *Adamè*.

—

— Quel nom avez-vous donné à l'enfant ?
— *Entamé*.

—

A quelques jours de là, le renard dit au loup qu'il
devait encore une fois assister à un baptême.

— I fô dâlé, respon l'leu, sé s'tin n'affer ki n'sè r'fus' nî.

Kan lé r'nô a ieu sté r'venu don batèm, èl leu li d'manda :

« Komin s'ké vol' avè aplé ? »

— *A Milan.*

Il faut accepter, fut la réponse du loup, c'est une chose qu'on ne refuse pas.

Lorsque le renard fut de retour, le loup lui demanda :

Comment avez-vous nommé l'enfant ?

A Moitié.

Quelques semaines s'étaient passées sans incidents nouveaux lorsqu'un beau matin le renard, de sa voix la plus doucereuse, tint au loup le langage suivant :

On m'a ko d'mindé pou iès parin, mè kè si pou l'derneye kou. (Pour la dernière fois on me propose d'être parrain).

Le loup, blessé de la persistance qu'on mettait à toujours choisir le renard pour remplir ces fonctions, ne put s'empêcher de dire :

— Komin ské ça s'fé kè, sé toudi vou kon d'mant pou iès parin, eyè kon n'mè d'mant' jamais. Hon ?

— Djé nin pû ri mi, mè cè pou l'dernie kou.

— I fô ko dalé.

— Kan lè r'no fu r'venu dou batèm, èl l'leu li d'manda in 3ᵉ kou :

— Komin ské vo lavé nommé ?

A s'kou si djél lé aplé, *tou-r-letchi*.

—

Comment se fait-il que ce soit toujours vous qu'on choisisse pour parrain, tandis qu'on ne m'ait jamais rien offert de semblable. Hein ?

Qu'en puis-je, c'est pour la dernière fois.

Il faut y aller, s'il en est ainsi, dit le bon loup.

Dès que le renard fut rentré au logis, le loup lui demanda pour la 3ᵉ fois :

Comment l'avez-vous nommé ?

Ah ! cette fois je l'ai nommé : « *Tout lêché* ».

—

Entretemps l'hiver était arrivé. Il allait falloir songer bientôt à recourir aux provisions. Nos deux amis, sur la proposition du loup, se promirent d'aller un des jours suivants passer une inspection de leur cave, qui devait être assez bien fournie. Le crême, surtout, avait besoin d'être particulièrement surveillée, car les chats, vilaine engeance, étaient bêtes expertes dans l'art de s'approprier le bien d'autrui.

Le jour choisi pour l'inspection des provisions était arrivé. Le loup descend le premier à la cave, ouvre

le baquet de crême et le trouve.... vide, aussi vide
que le discours d'un académicien.

— A ! sè s'tin si kè vo-z-avé sté parin, di l' leu in
viant ki n'avou pu pon d' krêm.

El promî koû vo l'avè *indamé;* el deuxième vo
l'avé mi à *mitan,* èye l' twazièm vo l'avé tou *r'letchi.*

Attindè n' betchée dé va vo din d'né mi dé parin,
dis'ti l' leu, in r'montan al plèn cours' pou fout' en
raklée au r'no.

—

Ah ! c'est ainsi que vous avez été parrain, dit le
loup, en voyant le baquet à la crême vide.

La première fois vous l'avez *entamé,* la seconde fois
vous en avez mangé la *moitié* et enfin la troisième
vous avez *avalé* le reste.

Attendez un instant, je vais vous donner des
parrains, dit le loup en remontant à la hâte les esca-
liers de la cave et en s'élançant à la poursuite du
renard, qui s'était tenu prudemment sur le seuil de
la porte.

—

Le renard allait être pris, lorsqu'il avisa la grille
d'un mur de clôture qui, franchie, le mettait en
sûreté. Prit-il mal son élan, ou bien s'abusa-t-il
sur son degré d'agilité, nous ne saurions dire, mais
le pauvre renard demeura un instant accroché au fer

effilé des barreaux. Le loup croyait déjà tenir le mauvais farceur, lorsque celui-ci, soit peur, soit ruse, inonda le visage de son ennemi qui demeura un instant aveuglé.

Pendant que le loup s'épongeait, le renard parvint à se dégager et à reprendre sa course. Il court encore.

CHAPITRE XV.

DIVERS.

Le pan de la chemise. L'enfant qui laisse passer le pan de sa chemise est averti charitablement de cette situation par ses camarades dans les termes suivants :

Pagna (le pan de votre chemise) *passe*
R'mettez vo nap' (remettez votre nappe)
Les t'chic ont deinné (les chiens ont diné) (1).

Réponse aux demandes importunes. Lorsqu'une personne vous demande avec persistance votre âge et que vous ne désirez pas le lui faire connaître, vous dites : *J'ai l'âge d'in via* (veau) *tous les ans douze mois.*

---

(1) A Liége on dit : *I n'vout pus esse borguimaisse, i piède ses papis.* (Il ne veut plus être bourgmestre, il perd ses papiers).

A Anvers la vue d'une chemise, qui passe par le fond d'un pantalon déchiré, fait dire : *c'est la kermesse.*

Curieux aide-mémoire. Le campagnard ne porte pas de calepin de notes sur lui, il remplace cet encombrant et inutile bagage par son mouchoir, auquel il *fait un nœud.* Ce nœud est pour lui un aide-mémoire qui lui rappelle ce qu'il tient à ne pas oublier.

Comment on indique le jour de la semaine. Demandez à un villageois le nom du jour de la semaine, il vous répondra invariablement :

« *C'est lundi* (mardi ou mercredi, etc.)
» *Si l'semaine va comme toudi* (toujours). »

Refrain des ramoneurs de cheminées. Les petits ramoneurs ont coutume le chanter le refrain suivant :

Ramonez-ci, ramonez-ça,
La cheminée de haut en bas.

Cueillette des pommes. Les pommes qui ont *subi le vent d'octobre, se conservent longtemps ;* il ne faut donc pas les cueillir avant cette époque.

La maladie de St.-Thibaut. Lorsqu'une personne se plaint continuellement ou affecte d'être malade, on dit qu'elle a contracté la « *maladie d' St.-Thibaut, i mindg' bi è i n'tchi ni maû,* maladie de St.-Thibaut, qu'elle mange bien et va bien à la selle. »

Les Voyages. Si la première personne que vous rencontrez en voyage ou en vous rendant à la besogne, est une *femme,* vous éprouverez de *fâcheux contretemps.*

Cette croyance est tellement enracinée chez certaines personnes qu'elles rebroussent chemin et rentrent chez elles, lorsqu'elles aperçoivent le bout du jupon de cette malencontreuse femme.

Couteaux. Faire tourner les couteaux et les chaises porte malheur ; il ne faut pas non plus croiser les couteaux et les fourchettes sur la table.

Comment on félicite quelqu'un. En félicitant une personne à l'occasion d'un évènement heureux, on a coutume de frotter ses chaussures. C'est une manière détournée de réclamer *une dringueille* (pourboire, du flamand Drinkgeld, argent à boire).

Moyen de choisir le bon chemin. — Arrivé à un carrefour, endroit où plusieurs routes s'embranchent, le paysan est souvent embarrassé sur la route à suivre. Il prend alors son couvre-chef, le place sur l'un de ses doigts ou à l'extrémité de son bâton et lui imprime un mouvement de rotation. La direction indiquée par la visière du couvre-chef, lorsqu'elle s'est arrêtée, est celle qu'il faut suivre.

Jeune fille qui siffle. La jeune fille qui siffle fait pleurer la Vierge (1).

(1) On dit la même chose à Anvers, seulement la jeune fille doit *siffler le matin* pour causer ce grand chagrin à la Vierge. V. également *Aliments* : pain, pag. 94.

Carnaval. Lorsque les enfants aperçoivent des masques, ils disent :

Mascarât	Masques
à deux visâteh' !	à deux visages !
El si ki l' fait ? ?	Celui qui le fait ? ?
sé li l'pu lé.	c'est lui le plus laid.

Habitations et vieux édifices (1). Le tour de l'église de Seneffe, village limitrophe de Godarville, est inclinée parce que c'est sur le territoire de cette commune que fut assassiné St-Phollien.

Avant d'occuper une maison *nouvellement construite*, on a coutume de la faire bénir par le curé.

Si l'on va habiter une *autre maison* ou si l'on *change* d'appartement, on doit prendre la précaution d'y transporter *en premier lieu* un crucifix et de l'eau bénîte.

L'installation dans une nouvelle maison donne lieu à un repas, suivi de copieuses libations. C'est ce qu'on appelle « *pindádeh dé cramion* », pendre la cremaillère.

---

(1) Le vieux château de *La Roche* (Lux.) fut construit avec de la farine de froment, en guise de mortier.

L'hôtel de ville, et la *tour de l'église d'Hoogstraeten*, ajoutent quelques uns, furent édifiés dans de semblables conditions ; seulement le *seigle* prit la place du froment employé à *La Roche.*

Il ne faut pas s'installer dans une nouvelle habitation un Vendredi, car ce serait aller au devant d'un malheur.

Casser une glace, un miroir, présage sept ans de malheur.

Bénédiction des fonts (Samedi saint). Le Samedi saint tous les paroissiens vont à la messe, munis de pots, qu'ils déposent sur le banc de communion. Dès que l'officiant a terminé la bénédiction de l'eau, contenue dans d'énormes récipients, chacun reprend son pot et le remplit d'eau bénite.

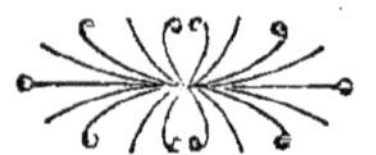

ADDITIONS.

Règne minéral. — *Charbon*, voir p. 28-29.

1. Un jeune houilleur, peu endurci aux rudes travaux des mines, s'était endormi dans la *fosse* (1) ; à son réveil il constata, non sans effroi, qu'il se trouvait seul. Ses camarades, leur journée terminée, étaient *remontés au jour* sans se préoccuper du dormeur.

Notre adolescent se demandait comment il allait passer la nuit, lorsque deux hommes, sortant on ne sait d'où, se dressèrent tout-à-coup devant lui.

Va là-bas, dit l'un d'eux, *dans ce coin abandonné et obscur, tu y trouveras des planches que tu apporteras ici*.

Plus mort que vif, le pauvre garçon exécuta une première fois ce qu'on lui ordonnait, mais avant d'obéir à un nouvel ordre, aussi brutalement exprimé que le premier, il se hasarda de faire observer aux deux inconnus que la charge était bien lourde pour ses frêles épaules et qu'il serait fort aise d'être édifié sur l'utilité de ce travail.

(1) Le mot *fosse* s'emploie en Wallonnie pour désigner un charbonnage,

Dans la réponse qui lui fut faite, il crut comprendre que ces planches étaient destinées à confectionner le *cercueil de son père* et qu'un second voyage au *coin abandonné et obscur* suffirait. C'est, comme bien on pense, sous l'empire des plus noirs pressentiments qu'il se rendit pour la seconde fois à la remise au bois. Comme il sortait de ce sombre réduit, sa charge sur le dos, il aperçut devant lui deux cercueils, nouvellement fabriqués, qu'il dut enjamber pour poursuivre son chemin. Quant aux deux hommes, ils avaient disparu.

Pris soudain d'une folle panique, notre jeune hiercheur laisse tomber sa charge, court à la remonte, sonne et, par un hasard encore inexpliqué, parvient à *remonter au jour*, alors que tout travail avait cessé.

Ayant raconté ce qui venait de lui arriver, quelqu'un se hasarda de descendre dans la *fosse*, afin de contrôler l'exactitude de ce récit. Deux cercueils se trouvaient, en effet, déposés à l'entrée de la remise au bois ; en les ouvrant on constata qu'ils renfermaient les corps de deux ouvriers, tués récemment d'un coup de grisou et dont les restes mutilés avaient jusqu'alors échappé à toutes les recherches. L'un des deux tués était le père du hiercheur. (Ces faits se sont passés, dit-on, à Cuesmes, près de Mons.)

2. Comme précédemment un houilleur s'endort dans la *fosse* et aperçoit à son réveil deux hommes, fièrement campés devant lui. Ceux-ci lui ayant ordonné d'exécuter différents travaux, il court à la remonte au lieu d'obéir, sonne et monte, croit-il, dans la cage. Pendant le mouvement ascensionnel qu'il exécute ensuite, il entend distinctement les deux inconnus de tout-à-l'heure s'écrier : *Nous allons faire un trou pour t'enterrer.*

Le plus effrayé fut le surveillant qui aperçut notre dormeur *remonter au jour par la machine, alors qu'ou- vriers, machinistes, avaient depuis longtemps cessé leurs travaux et que partant la machine ne fonctionnait plus !!!*

Sorcellerie, voir p. 37.

Les « Bulletins de la Société royale belge de Géo- graphie » publieront sous peu notre *Notice sur les communes de Gouy-lez-Piéton et de Godarville.*

Dans ce travail, assez étendu, nous avons maintes fois cité l'article de M. le Dr Cloquet, intitulé : *Excursion à Godarville (le pays des sorcières)* (1), nous y revenons encore une fois pour en extraire un pas- sage qui se rattache plus particulièrement à nos études. Il s'agit d'un drame dont la ferme de M.

(1) Article paru dans les « Documents et Rapports de la Société paléonthologique et archéologique » de Charleroi.

Scailquin, située à peu de distance des limites de Godarville, fut le théâtre.

« Voyez cette frise, dit le fermier (M. Scailquin),
» nous montrant une pierre énorme couronnant l'une
» des cheminées de la ferme ; une large fente la
» traverse diagonalement ; voici comment elle s'est
» brisée. Je le tiens de notre vieux père qui nous a
» conté souvent cette aventure.

» Un jour, un domestique vint dire à son maître
» qu'un cheval était malade, on lui donna des soins,
» mais le lendemain il était mort.

» Un autre commença, puis un troisième, puis un
» quatrième et bientôt tous furent atteints.

» On ne tarda pas à accuser de sortilège une vieille
» femme qui venait chaque vendredi demander l'au-
» mône ; elle avait l'habitude d'entrer pour se chauf-
» fer lorsque le temps était froid et humide.

» Mettez le manche du balai en travers le seuil de
» la porte, dit un paysan, et si elle ne passe pas c'est
» la sorcière.

» Malheureusement pour la vieille, contrairement
» à son habitude, après avoir récité sa prière, elle
» n'entra pas dans la place. C'est elle, c'est elle, crie-
» t-on de toutes parts, on la saisit, on la garotte et
» on la fait asseoir ainsi dans la cuisine, vis-à-vis de

» la grande cheminée, au-dessus de laquelle était
» suspendu un Christ. Avouez devant Dieu, dit le
» fermier, que c'est vous qui avez jeté le sort sur
» nos chevaux et venez le retirer.

» Je jure que je suis innocente, dit la malheureuse ;
» cette question plusieurs fois répétée, reçut chaque
» fois la même réponse.

» Des fagots, ordonne le fermier à ses domesti-
» ques ; à l'instant tout l'intérieur de la grande che-
» minée est rempli de bois sec, on en fait une pile
» jusqu'au linteau, puis on y met le feu. Bientôt la
» chaleur est telle qu'elle atteint les membres trem-
» blants de la mendiante.

» Avouez, repète encore le fermier, ou vous serez
» jetée sur le bûcher.

» Elle répondait toujours, je suis innocente !

» Les flammes devenues plus intenses léchaient ses
» membres et elle en ressentait déjà des cuisantes
» douleurs ; l'épiderme se soulevait.... tout-à-coup
» un craquement se fit entendre, c'était la pierre qui
» se brisait par l'intensité de la chaleur. Cela pro-
» duisit une grande émotion sur les assistants et sur
» la prétendue sorcière. Elle finit par dire : « J'avoue,
» conduisez-moi dans l'écurie ». On lui enleva les
» liens et on l'accompagna jusque là. Elle les fit mettre

» tous à genoux, fit un grand signe de croix et
» pria !

» Ah ! si l'on eut compris sa pensée, cette prière
» demandait au ciel de la sauver du danger dans
» lequel elle se trouvait plutôt que de sauver les
» pauvres bêtes, qu'une épizootie ou des excès de
» fatigues et le défaut de nourriture et de soins ren-
» daient malades.

» Enfin on la laisse partir.

» On peut voir encore cette cheminée fendue à la
» ferme de M. Scailquin et entendre de sa bouche
» cette curieuse anecdote.

» Il existe encore des gens dans ces localités qui
» pourraient faire la même chose. »

ÊTRES FANTASTIQUES, voir p. 100.

Les *Nutons*. M. Cloquet, dans l'article que nous
venons de citer, signale un trou de « *Nutons* », à
Seneffe.

C'est la première fois que nous entendons parler
de *Nutons* dans le canton de Seneffe.

SOUSCRIPTIONS PARVENUES PENDANT L'IMPRESSION.

MM.

BOULVIN, agronome, à Familleureux.

DEGUELDRE (E. F. J), capitaine-commandant, adjudant-major au 7e régiment d'artillerie, à Anvers (5 exemplaires).

HAMER, lieutenant-colonel d'infanterie en retraite, rue Schul, 46, à Anvers.

MAMBOUR, curé, à Familleureux.

REMY, capitaine d'infanterie en retraite, rue Auwers, 64, à Berchem (Anvers).

VAN DEN BROECK, capitaine-commandant de cavalerie en retraite, à Manage.

BIBLIOTHÈQUES.

La Bibliothèque des sous-officiers du 14e de ligne, à Liège.

La Bibliothèque des officiers du 14e de ligne, à Liège.

ERRATA.

Avant-propos, pag. v, il faut lire : que nous *ambitionnons...*

Pag.   1, note, lisez *le* visage de Caïn.

»   10, 20e ligne, il faut lire strons de Judas.

»   10, note, lire : *le* pays wallon.

»   11, note, lisez *tâches de rousseur.*

»   11, note, remplacez *jouissent de la même propriété* par *enlèvent les tâches de rousseur.*

»   18, ligne 27, note, *vaches* et non vâches.

»   19, on doit lire : *De là, leur vient sans doute le nom de prêcheux, sous lequel ils sont connus...*

»   21, gueule *du* veau au lieu de gueule *de* veau.

»   23, note, les puces ont été *créées* et non crées.

»   24, 1r ligne, il faut lire : *et l'on.*

»   24, 12e ligne, St.-Jea*n*.

»   26, 3e ligne, *Marguerite* et non Marguérite.

»   26, 7e ligne, sera *celle* qu'on.

»   35, 20e » lisez : *Strons de Judas.*

»   58, 12e » trâce, *supprimez l'accent.*

»   58, 14e » il faut *la* garder.

Pag. 70, 7e ligne, *del' djamblée* et non *dè la djamblée*.

» 71, 26e » note, lisez *goûtaient*.

» 78, 11e » placer une *virgule* après choux.

» 80, 9e » lisez *cafetière* et non cafétière.

» 80, 19e ». il faut lire : La jeune fille qui, *en nettoyant la maison*, mouille...

» 80, 24e ligne *se trouvent* au lieu de se *sont trouvés*.

» 82, 12e » lisez : *qu'on pense*.

» 85, 12e » note, lisez : *escortaient* au lieu d'*excortaient*.

» 95, 9e ligne, lisez : Lorsqu'on *achète* un animal...

» 104, 10e » remplacez *une nuit* par *un jour*.

» 107, 25e » lisez : C'est *au* tour...

» 109, 4e » lisez : *extrémité* et non *extrémité*.

» 111, 11e » effacez *trouve*.

» 122, 11e » il faut lire : l'*atout* en un mot.

» 122, 19e » lisez : *la* phrase suivante...

» 126, 2e » remplacer le *museau* par la *patte*.

» 127, supprimer le tiret qui sépare la 2e ligne de la 3e.

» 129, 3e ligne, lisez : *dou* batêm.

TABLE DES MATIÈRES.